RECURSOS CRIMINAIS

STF E STJ

RESP E RE PROVIDOS

ÁLVARO SÉRGIO AMORIM DE SOUZA

INTRODUÇÃO

Deseja ver **o seu REsp e o seu RE providos ?**

Quer atualizar-se para ter mais **VITÓRIAS** na advocacia criminalista?

Se você respondeu "sim" a essas perguntas, este livro é para VOCÊ!

Com base na minha experiência como **Assessor de Desembargador** competente para a admissibilidade de recurso extraordinário e de recurso especial, escrevi esta obra para você, a qual **está atualizada até 19 de fevereiro de 2025**.

Ela inicia com modelos de REsp e RE, cujas referências foram acórdãos de provimento proferidos pelo STJ e STF, respectivamente.

Em seguida, **comento toda a legislação** referente a esses recursos excepcionais, ao agravo em REsp e ao agravo em RE, ao agravo interno, aos embargos de divergência, aos embargos infringentes e de nulidade, e abordo todos os princípios e regras processuais do REsp e do RE.

O livro prossegue com **todos os precedentes do STF e do STJ para a advocacia criminalista**:

✓ TEMAS **COM** REPERCUSSÃO GERAL,

✓ TEMAS **SEM** REPERCUSSÃO GERAL,

✓ SÚMULAS VINCULANTES,

✓ SÚMULAS SIMPLES (STF e STJ) e

✓ TESES DOS RECURSOS REPETITIVOS.

Sucesso na sua advocacia criminalista!

APRESENTAÇÃO

Este livro é fruto da minha experiência como **Assessor de Desembargador** competente para apreciar a admissibilidade de recurso extraordinário e de recurso especial.

Vi boas peças recursais no tocante ao mérito, porém não conseguiam ultrapassar os óbices da negativa de seguimento e da inadmissibilidade, obstáculos que, ao final, inviabilizavam por completo as pretensões recursais.

Devido a esse fato, é muito importante que o(a) advogado(a) parta do seguinte princípio de atuação laboral: "Não adianta forçar a barra", alegando que o extraordinário teria repercussão geral somente porque transcenderia os interesses *inter partes*; ou que não se trataria de simples reexame de provas, seja no recurso extraordinário ou no recurso especial.

Esses argumentos devem ser fundamentados no que restou incontroverso nos autos, nos temas de repercussão geral e nas teses dos recursos repetitivos.

Além disso, é fundamental conhecer a legislação pertinente aos recursos excepcionais, bem como as súmulas e a jurisprudência dominante dos Tribunais Superiores.

Eis o objetivo desta obra: **o provimento dos seus recursos constitucionais**.

YouTube

@adv.alvaroamorim adv.alvaroamorim@gmail.com

MUITO OBRIGADO!

"Tudo concorre para o bem daqueles que amam a Deus" (Romanos 8, 28).

Esta palavra tem pautado minha vida desde sempre.

Observo que ela se cumpre nos percalços e nas vitórias, nas tristezas e nas alegrias, enfim, nas vicissitudes da minha vida.

Por essa razão, cada vez mais, amo você, meu Senhor e meu Deus, Jesus Cristo!

A você, Mãe querida, Nossa Senhora de Fátima, louvo pela constante intercessão a Jesus por este seu filho aqui!

Reconheço como a intercessão de minha mãe, que está em Deus, Elanir Amorim, ajudou-me a vencer na vida.

Como você me formou, amou-me como ninguém!

Sempre estudiosa, trabalhadora, dedicada, uma excelente servidora pública do Estado do Ceará! Um exemplo de vida!

Um beijo, Mamãe!

Sou muito grato ao meu pai, que também se encontra em Deus, José Alves de Souza, homem simples, do agreste pernambucano, que se alfabetizou tardiamente, e graduou-se, com muita dedicação, em Administração, tornando-se depois professor titular desse mesmo curso de Administração, na Universidade Estadual do Ceará. É um exemplo de superação. Beijo, Papai!

Por fim, à minha família, a quem agradeço pela paciência, quando tive que me recolher ao escritório para estudar e escrever este meu tão desejado primeiro livro.

Vocês moram no meu coração! Amo vocês demais!

Para você, minha filha, Clara Pinheiro Amorim.

Álvaro Sérgio Amorim de Souza.

SUMÁRIO

“Os cães ladram, e a caravana passa.”
(Provérbio árabe).

“Ele [Jesus], porém, passando pelo meio deles, prosseguia seu caminho (...)” (Lucas 4, 30).

Toda pessoa tem direito a uma excelente defesa.
Álvaro Amorim.

RECURSO ESPECIAL (MODELO) E EMENTA DO ACÓRDÃO

Começo com um RECURSO ESPECIAL **provido** pelo Superior Tribunal de Justiça, com a consequente absolvição do crime de **tráfico de drogas**.

Registro que não tive acesso à petição dos advogados da recorrente, tendo elaborado este modelo a partir do acórdão do REsp, com base no que ali restou relatado e fundamentado, sendo certo que este modelo amolda-se perfeitamente ao que fora julgado pelo STJ, como você verá.

EXCELENTÍSSIMO(A) DESEMBARGADOR(A) [VICE-] PRESIDENTE DO EGRÉGIO TRIBUNAL DE JUSTIÇA DO [...]

PROCESSO N.: X.

Fulana de Tal, devidamente qualificada nos autos em epígrafe, vem respeitosamente, por seu(sua) advogado(a), interpor **RECURSO ESPECIAL** em face do acórdão do egrégio Tribunal de Justiça do [...], o que faz com fundamento no disposto no art. 105, inciso III, alínea "a", da Constituição Federal, na forma do art. 255 e seguintes do Regimento Interno do colendo Superior Tribunal de Justiça, pelas razões adiante expostas.

Requer, por conseguinte, após a intimação do recorrido para a apresentação de contrarrazões no prazo legal, a admissão deste especial, nos termos do art. 1.030 do Código de Processo Civil, com a imprescindível remessa do feito à colenda Corte da Cidadania, a fim de que seja conhecido e provido o presente apelo constitucional.

Nestes termos,
Espera deferimento.

[LOCAL E DATA].

[NOME E NÚMERO DA INSCRIÇÃO NA OAB/SECCIONAL].

[ASSINATURA POR CERTIFICAÇÃO DIGITAL].

[EM OUTRA PÁGINA]

EXCELENTÍSSIMO(A) MINISTRO(A) PRESIDENTE DO COLENDO SUPERIOR TRIBUNAL DE JUSTIÇA

COLENDA TURMA

Fulana de Tal, devidamente qualificada nos autos em epígrafe, vem respeitosamente, por seu(sua) advogado(a), interpor o vertente RECURSO ESPECIAL em face do acórdão do egrégio Tribunal de Justiça do [...], o que faz com fundamento no disposto no art. 105, inciso III, alínea "a", da Constituição Federal, na forma do art. 255 e seguintes do Regimento Interno do colendo Superior Tribunal de Justiça, pelas razões adiante expostas.

1. SÍNTESE PROCESSUAL

A recorrente fora sentenciada pelo juízo da Vara [X] da Comarca de [Y] à pena de 4 (quatro) anos e 2 (dois) meses de reclusão, a ser cumprida em regime inicial semiaberto, e ao pagamento de 500 (quinhentos) dias-multa, à razão de um trigésimo do salário-mínimo vigente à época do fato, por considerar o magistrado *a quo* que a então ré teria em depósito a ínfima quantidade de 3g (três gramas) de "crack", com o fim de mercancia.

Por entender ocorrente o *error in judicando*, a ré interpôs apelação criminal, pedindo sua absolvição e subsidiariamente a desclassificação da conduta para a inserta no art. 28 da Lei Federal n. 11.343/2006 e a redução da pena pecuniária, tendo sido este o único capítulo provido, resultando na redução da sanção para 416 (quatrocentos e dezesseis) dias-multa.

Foram então interpostos embargos de declaração, os quais foram rejeitados pelo egrégio Tribunal de Justiça do [...].

Sucede que o egrégio Colegiado *a quo*, por seu acórdão ora recorrido, violara os arts. 28 e 33 da Lei Federal n. 11.343/2006, e o disposto no art. 386, inciso VII, do Código de Processo Penal.

Destarte, com o intuito de ser a legislação federal regente do caso corretamente interpretada e aplicada à espécie, a recorrente ajuíza o vertente recurso especial, eis que esgotadas as instâncias ordinárias.

2. ADMISSIBILIDADE RECURSAL

[O(A) ADVOGADO(A) DEVE SABER QUE **HÁ FATOS QUE NÃO PODEM SER MAIS CONTROVERTIDOS EM SEDE DE RECURSO ESPECIAL**, POIS RESTARAM ESGOTADAS AS INSTÂNCIAS ORDINÁRIAS.

CONSIGNAR ESSA INCONTROVÉRSIA, NA PETIÇÃO DE RECURSO, ALÉM DE DEMONSTRAR BOA-FÉ PROCESSUAL, CONDUZ O JULGADOR (E O ASSESSOR!) A LEVAR A SÉRIO A INSURGÊNCIA, A COGITAR SUA ADMISSÃO.

IGUALMENTE, QUANTO AOS **REQUISITOS GERAIS DE ADMISSIBILIDADE RECURSAL**, O MAGISTRADO COMPETENTE (E O ASSESSOR!) AFEREM SE FORAM OBEDECIDOS, POR SE TRATAR DE MATÉRIA DE ORDEM PÚBLICA, SENDO DESNECESSÁRIO O(A) ADVOGADO(A) REGISTRAR QUE O RECURSO PREENCHE ESSES REQUISITOS GERAIS].

A recorrente não almeja o simples reexame de provas, pois consigna, desde já, que o fato restou incontroverso nos autos, qual seja, a posse de 3g (três gramas) de "crack".

Ocorre que esse fato não fora valorado de acordo com a legislação regente, tendo, pois, o egrégio Tribunal de Justiça do [...] incorrido em equívoco na interpretação e na aplicação da legislação federal, como se demonstrará.

Noutra senda, não há tese firmada em julgamento de recursos repetitivos que impeça a admissão do recurso especial, motivos pelos quais sua admissão é medida que se impõe.

[NÃO DEVE HAVER DELONGAS NESTE PONTO.

NA MINHA EXPERIÊNCIA COMO ASSESSOR DE DESEMBARGADOR COMPETENTE PARA APRECIAR RECURSOS EXCEPCIONAIS, ERA PRAXE OBSERVAR-SE MAIS DETIDAMENTE A FUNDAMENTAÇÃO DA IRRESIGNAÇÃO, ADVINDO DAÍ A ADMISSÃO OU A INADMISSÃO DO RECURSO].

3. VIOLAÇÃO DOS ARTS. 28 E 33 DA LEI FEDERAL N. 11.343/2006

[AQUI SIM, O(A) ADVOGADO(A) DEMONSTRARÁ QUE, DIANTE DO FATO INCONTROVERSO, A LEGISLAÇÃO QUE REGE O CASO FORA INCORRETAMENTE INTERPRETADA E APLICADA. É BEM SIMPLES: A POSSE DE 3g DE "CRACK", POR SI SÓ, NÃO PROVA A TRAFICÂNCIA. ESSA CONCLUSÃO SERÁ REFORÇADA COM A EXPLANAÇÃO DO MALFERIMENTO AO ART. 386, INCISO VII, DO CÓDIGO DE PROCESSO PENAL: NÃO EXISTIR PROVA SUFICIENTE PARA A CONDENAÇÃO POR TRÁFICO DE DROGAS, EIS QUE LASTREADA EM NOTÍCIAS ANÔNIMAS, OUTRO FATO INCONTROVERSO NOS AUTOS, QUE MOSTRA A NECESSIDADE DE REFORMA DO ACÓRDÃO].

Eis o trecho da fundamentação do acórdão recorrido que revela a sua *ratio decidendi*, ora combatida:

> "Assim a apreensão de significativa quantidade de crack na habitação da denunciada se deu após o recebimento de denúncias apontando que a ré estava traficando em sua habitação. Além de inexistir qualquer motivo para se colocar em cheque (*sic*) a palavra dos policiais, observo que os informes acabaram sendo confirmados pela considerável quantidade da substância tóxica apreendida, suficiente para ser subdividida entre 12 e 37 'pedras', conforme ensina a praxe forense. Ademais, depois da arrecadação em questão, a ré e seu marido foram presos novamente em flagrante, e processados pelo suposto cometimento do mesmo crime, agora em outra localidade. Enfim, a existência de denúncias apontando a acusada como traficante, aliada à apreensão de significativa quantidade de entorpecente na sua posse, e ainda, à anêmica versão exculpatória, apresentada apenas em juízo, são suficientes para a manutenção da condenação nos exatos termos em que emitida em primeiro grau."

Como visto, não houve a demonstração cabal, inconcussa, indefensável de que a recorrente, por ter a posse de ínfima quantidade de 3g da substância, tencionava a mercancia.

Isto porque **o acórdão não mencionara um elemento concreto sequer que indicasse a efetiva destinação comercial da substância**.

O que fez foi **uma ilação infundada**, pois **presumiu** que a substância poderia ser transformada em outras tantas e que, a partir dessa transformação, a recorrente passaria a comercializar os subprodutos.

Ora bem, não há nos autos, não existem concretamente: a) essa "transformação da substância"; b) a comercialização de subprodutos ou frações daquilo que se presumiu que seria "transformado".

Conclusão: Não se pode supor a prática do crime de tráfico ilícito de entorpecentes pelo só fato de ter sido apreendida, na casa da recorrente, a diminuta quantidade de 3g de "crack", que seriam usados por seu marido.

Em que ponto o acórdão demonstrou que efetivamente teria havido a comercialização desses 3g da substância ? Em que trecho da decisão colegiada restou assentada a concreta transformação dessa quantidade em tantas outras ? Em que parte do *decisum* evidenciou-se o comércio do resultado dessa suposta transformação da substância?

Resposta: **Em nenhuma parte do acórdão!**

Meras ilações, juízos de probabilidade, "achismos" não se prestam a um decreto condenatório criminal, medida gravíssima, geradora de consequências indeléveis na vida da pessoa humana.

Na remota hipótese de haver ilícito, o egrégio Colegiado *a quo* deveria ter desclassificado a conduta para a do art. 28 da Lei de Drogas.

E, ao assim julgar, teria observado que, entre a data da denúncia e a data da sentença condenatória, transcorrera lapso temporal superior a 2 (dois) anos, havendo a ocorrência da prescrição da pretensão punitiva, por força do art. 30 da Lei Federal n. 11.343/2006, o que extingue a punibilidade da ora recorrente, nos termos do art. 107, inciso IV, do Código Penal.

4. VIOLAÇÃO DO ART. 386, INCISO VII, DO CÓDIGO DE PROCESSO PENAL

Como se não bastasse a infundada condenação da ora recorrente, eis que amparada na posse de irrisória quantidade da aludida substância, o que não prova o tráfico, é certo que no acórdão restara consignado que a condenação dera-se com base em "denúncias apontando a acusada como traficante", isto é, em notícia-crime inqualificada, isto é, em relatos anônimos, delações apócrifas, prova igualmente inservível para a condenação.

No ponto, deve haver certeza para o juízo condenatório criminal, e não probabilidade, opiniões de populares sobre a vida da pessoa.

De mais a mais, esses relatos não deram azo a investigação minuciosa, pormenorizada, mas, ao contrário, a um ato judicial impetuoso, arrebatado, desmedido e desproporcional: um mandado de busca e apreensão na residência da recorrente, local em que somente ela se achava, desacompanhada de seu marido, que usaria a substância.

Outrossim, os depoimentos dos policiais quedaram-se em repetir o conteúdo dos relatos apócrifos de que a recorrente dedicar-se-ia a atividades ilícitas. Nada sólido ou robusto que comprovasse o fim de mercancia da substância apreendida.

Portanto, é patente a violação do disposto no Código de Processo Penal:

> Art. 386. O juiz absolverá o réu, mencionando a causa na parte dispositiva, desde que reconheça:
> VII – não existir prova suficiente para a condenação.

5. PACÍFICA JURISPRUDÊNCIA DO COLENDO SUPERIOR TRIBUNAL DE JUSTIÇA QUE SE AMOLDA PERFEITAMENTE AO CASO EM TELA

Ao deparar com situações como a dos autos, essa colenda Corte de Justiça assim tem decidido:

> "AGRAVO REGIMENTAL NO HABEAS CORPUS. TRÁFICO DE DROGAS. **AUSÊNCIA DE PROVAS INEQUÍVOCAS DE COMÉRCIO DE ENTORPECENTES. DESCLASSIFICAÇÃO PARA O CRIME PREVISTO NO ART. 28, CAPUT, DA LEI N.º 11.343/2006**. ORDEM CONCEDIDA DE OFÍCIO. 1. Diante das circunstâncias fáticas, **a forma como foi apreendida a droga não demonstra inequivocamente a sua destinação para a comercialização, além de não afastar a circunstância de ter sido apreendida quantidade não relevante**. 2. Quanto ao material encontrado na posse no acusado, que afirmou ser usado na sua profissão de tatuador, também **não restou categoricamente comprovado que fosse usado para o tráfico** e não para a sua profissão. **A quantidade de droga apreendida não é expressiva, tratando-se de 11g de cocaína e 9g de maconha o que caracteriza mais o consumo do que a traficância**. 3. **Considerando a apreensão de quantidade não expressiva de droga e a ausência de juízo de certeza quanto aos elementos indicativos da comercialização do entorpecente**, **afigura-se mais razoável, considerando-se o princípio da presunção de inocência, adotar-se a interpretação mais favorável ao imputado**. 4. Agravo regimental improvido."
> (STJ - AgRg no HC: 701456 SC 2021/0337916-3, Relator: Ministro OLINDO MENEZES (DESEMBARGADOR CONVOCADO DO TRF 1ª REGIÃO), Data de Julgamento: 29/03/2022, T6 - SEXTA TURMA, Data de Publicação: DJe 01/04/2022). (Grifou-se).

"EMENTA: RECURSO ESPECIAL. TRÁFICO DE DROGAS. DISSÍDIO JURISPRUDENCIAL E VIOLAÇÃO DOS ARTS 28, 33, § 4º, E 45, TODOS DA LEI N. 11.343/2006; E 149 DO CPP. **POSSIBILIDADE DE DESCLASSIFICAÇÃO DO DELITO**. EXCEPCIONALIDADE NOS TERMOS DO PARECER DO MINISTÉRIO PÚBLICO FEDERAL. **ÍNFIMA QUANTIDADE DE ENTORPECENTE APREENDIDO (60 G DE MACONHA E 8G DE COCAÍNA)**. **RECORRENTE QUE ASSUMIU A POSSE DA DROGA PARA CONSUMO PRÓPRIO**. **CARÊNCIA DE ELEMENTOS QUE COMPROVASSEM AS ELEMENTARES DO TRÁFICO DE DROGAS. PRECEDENTES DA SEXTA TURMA**. DETERMINADO O RETORNO DOS AUTOS À ORIGEM PARA PROSSEGUIMENTO DA PERSECUÇÃO PENAL." (STJ - REsp: 1994167 PR 2022/0092461-7, Relator: Ministro SEBASTIÃO REIS JÚNIOR, Data de Publicação: DJ 30/06/2022). (Destacou-se).

"Consta dos autos que o recorrido foi condenado, em primeiro grau, pela prática do crime previsto no art. 33, caput, c/c o art. 40, III, ambos da Lei n. 11.343/2006. A defesa, então, interpôs apelação ao Tribunal de origem, que deu provimento ao recurso, para absolver o réu, com fulcro no art. 386, VII, do CPP. [*Omissis*]. Decido. O Tribunal de origem, ao concluir pela absolvição do acusado, apontou basicamente os seguintes fundamentos: [*omissis*]; d) desconsiderada a prova produzida na referida audiência (realizada em 30/10/2013), **"remanescem apenas os depoimentos de dois policiais que participaram da ocorrência (fls. 204 e 210), que não suficientes per se para autorizar o juízo condenatório" (fl. 424); e) "inobstante expedido mandado de busca e apreensão, não consta nos autos documentos sobre eventuais investigações prévias, senão apenas um relatório de serviço informando a ocorrência de uma denúncia anônima (fl. 109) - cujo valor, como consabido, é extremamente limitado na esfera processual penal"** (fls. 424-425, destaquei). [*Omissis*] a expedição de mandado de busca e apreensão decorreu apenas de denúncia anônima, sem que tenha havido a realização de qualquer diligência prévia para apurar a veracidade e a plausibilidade dessas informações recebidas anonimamente. E esse argumento - **mandado de busca e apreensão expedido apenas em**

razão da existência de denúncia anônima prévia - é suficiente, por si só, para justificar a absolvição do réu e, por conseguinte, para a manutenção do acórdão recorrido. [*Omissis*]. Relembro que, **consoante entendimento do Supremo Tribunal Federal, a notícia anônima de crime, por si só, não é apta para instaurar inquérito policial; ela pode servir de base válida à investigação e à persecução criminal, desde que haja prévia verificação de sua credibilidade em apurações preliminares, ou seja, desde que haja investigações prévias para verificar a verossimilhança da noticia criminis anônima (v. g., Inq n. 4.633/DF, Rel. Ministro Edson Fachin, 2ª T., DJe 8/6/2018). Menciono, a propósito, o seguinte julgado em que o Supremo Tribunal Federal afirmou não ser possível decretar medida de busca e apreensão com base unicamente em denúncia anônima: HC n. 106.152, Rel. Ministra Rosa Weber, 1ª T., DJe 24/5/2016. Diante de tais considerações, deve ser mantida inalterada a absolvição do réu.** À vista do exposto, com fundamento no art. 932, III, do CPC, c/c o art. 255, § 4º, I, do RISTJ, não conheço do recurso especial. Publique-se e intimem-se. Brasília (DF), 22 de março de 2022. Ministro ROGERIO SCHIETTI CRUZ Relator." (STJ - REsp: 1593554 RS 2016/0102818-8, Relator: Ministro ROGERIO SCHIETTI CRUZ, Data de Publicação: DJ 23/03/2022). (Hachurou-se).

6. PEDIDOS

Pelo exposto, sendo patentes as violações à legislação federal, e com esteio na jurisprudência dessa colenda Corte, a recorrente requer:

6.1. A reforma do acórdão recorrido para a absolvição da imputação do delito tipificado no art. 33 da Lei Federal n. 11.343/2006, por força do disposto no art. 386, inciso III, do Código de Processo Penal, eis que ausentes as elementares do crime de tráfico de drogas.

6.2. Alternativamente, a reforma do acórdão recorrido para a absolvição da imputação do delito tipificado no art. 33 da Lei Federal n. 11.343/2006, por força do disposto no art. 386, inciso VII, do Código de Processo Penal, eis que não existem provas suficientes para a condenação.

6. 3. Subsidiariamente, a desclassificação da conduta para a prevista no art. 28 da Lei Federal n. 11.343/2006, com a consequente declaração da prescrição da pretensão punitiva, por força do art. 30 da Lei Federal n. 11.343/2006, o que extingue a punibilidade da ora recorrente, nos termos do art. 107, inciso IV, do Código Penal.

Nestes termos,
Espera deferimento.

[LOCAL E DATA].

[NOME E NÚMERO DA INSCRIÇÃO NA OAB/SECCIONAL].

[ASSINATURA POR CERTIFICAÇÃO DIGITAL].

[EMENTA DO ACÓRDÃO DO STJ QUE DERA PROVIMENTO A ESSE RECURSO ESPECIAL]:

"RECURSO ESPECIAL. PENAL. TRÁFICO DE DROGAS (ART. 33, CAPUT, DA LEI N. 11.343/2006). AUSÊNCIA DE PROVA DA MERCANCIA. EXCEPCIONAL AFASTAMENTO DA IMPUTAÇÃO MINISTERIAL. ABSOLVIÇÃO. RECURSO ESPECIAL PROVIDO. 1. Não se desconhece a copiosa manifestação desta Corte Superior no sentido de que o pleito de absolvição ou de desclassificação do crime de tráfico exige, em tese, o revolvimento de fatos e provas, providência não cabível no espectro de cognição do recurso especial. Contudo, **é possível a esta Corte Superior verificar se a fundamentação utilizada pelas instâncias ordinárias é juridicamente idônea e suficiente para dar suporte à condenação, o que não configura reexame de provas, pois a discussão é eminentemente jurídica e não fático-probatória**. 2. Na inicial acusatória, foi imputada à Recorrente a conduta de ter em depósito, com o fim de mercancia, 3,7g de crack. Porém, **o quadro fático incontroverso** consignado no acórdão recorrido **não demonstra satisfatoriamente o fim de mercancia da droga apreendida**, nem afasta a afirmação da Recorrente de que a substância apreendida se destinava ao consumo por parte de seu cônjuge. 3. Da simples leitura do acórdão recorrido, sobreleva o fato de a Recorrente ter sido condenada por tráfico de drogas, **a despeito da diminuta quantidade de entorpecente apreendido em sua residência (3, 7g de crack)** e de **não haver sido mencionado nenhum elemento concreto nos autos que indique a efetiva destinação comercial da substância**. **A condenação está lastreada tão-somente em depoimentos de policiais que, por sua vez, se limitaram a reportar o conteúdo de denúncias anônimas de que a Recorrente exerceria o tráfico**, bem assim na ausência de ocupação lícita. 4. Na distribuição estática do ônus da prova, no processo penal, compete ao Ministério Público provar os elementos do fato típico e, na hipótese em apreço, **não se pode concluir pela prática do crime de tráfico de drogas somente com base na quantidade de entorpecente apreendido na residência da Recorrente - 3,7g de crack -, muito menos nas declarações no sentido de que existiriam "denúncias apontando a acusada como traficante"**, ou seja, *noticia criminis* inqualificada. Vale dizer, **o juízo condenatório é de certeza, não pode ser substituído por juízo de probabilidade**. 5. **Concluir que as instâncias ordinárias não se valeram do melhor direito na condenação da Recorrente não implica reavaliar fatos e provas, mas apenas reconhecer que, no caso, não estão descritos os elementos do tipo do art. 33 da Lei de**

Drogas. No sistema acusatório, repita-se, constitui ônus estatal demonstrar de forma inequívoca a configuração do fato típico. 6. **Mostra-se descabida a eventual desclassificação para o crime de posse (art. 28 da Lei n. 11.343/2006), uma vez que este encontra-se com a punibilidade extinta, pela consumação da prescrição punitiva**. 7. **Recurso especial provido para absolver a Recorrente da imputação da prática do crime do art. 33. caput, da Lei n. 11.343/2006, nos termos do art. 386, inciso VII, do Código de Processo Penal**. (STJ, REsp n. 1.917.988/RS, rel. min. Laurita Vaz, data de julgamento: 11/5/2021, Sexta Turma, Dje de 25/5/2021). (Grifou-se).

RECURSO EXTRAORDINÁRIO (MODELO) E EMENTA DO ACÓRDÃO

Registro que não tive acesso à petição dos advogados do recorrente, tendo elaborado este modelo a partir do acórdão do RE, com base no que ali restou relatado e fundamentado, sendo certo que este modelo amolda-se perfeitamente ao que fora julgado pelo STF, como você verá.

EXCELENTÍSSIMO(A) DESEMBARGADOR(A) [VICE-] PRESIDENTE DO EGRÉGIO TRIBUNAL DE JUSTIÇA DO [...]

PROCESSO N.: X.

Sicrano de Tal, devidamente qualificado nos autos em epígrafe, vem respeitosamente, por seu(sua) advogado(a), interpor **RECURSO EXTRAORDINÁRIO** em face do acórdão do egrégio Tribunal de Justiça do [...], o que faz com fundamento no disposto no art. 102, inciso III, alínea "a", da Constituição Federal, na forma do art. 321 e seguintes do Regimento Interno do excelso Supremo Tribunal Federal, pelas razões adiante expostas.

Requer, por conseguinte, após a intimação do recorrido para a apresentação de contrarrazões no prazo legal, a admissão deste extraordinário, nos termos do art. 1.030 do Código de Processo Civil, com a imprescindível remessa do feito à excelsa Suprema Corte, a fim de que seja conhecido e provido o presente apelo constitucional.

Nestes termos,
Espera deferimento.

[LOCAL E DATA].

[NOME E NÚMERO DA INSCRIÇÃO NA OAB/SECCIONAL].

[ASSINATURA POR CERTIFICAÇÃO DIGITAL].

[EM OUTRA PÁGINA]

EXCELENTÍSSIMO(A) MINISTRO(A) PRESIDENTE DO EXCELSO SUPREMO TRIBUNAL FEDERAL

EXCELSA TURMA

Sicrano de Tal, devidamente qualificado nos autos em epígrafe, vem respeitosamente, por seu(sua) advogado(a), interpor **RECURSO EXTRAORDINÁRIO** em face do acórdão do egrégio Tribunal de Justiça do [...], o que faz com fundamento no disposto no art. 102, inciso III, alínea "a", da Constituição Federal, na forma do art. 321 e seguintes do Regimento Interno do excelso Supremo Tribunal Federal, pelas razões adiante expostas.

1. SÍNTESE PROCESSUAL

O recorrente fora sentenciado pelo juízo da Vara [X] da Comarca de [Y] à pena de 6 (seis) anos de reclusão, a ser cumprida em regime inicial semiaberto, e ao pagamento de 500 (quinhentos) dias-multa, à razão de um trigésimo do salário-mínimo vigente à época do fato, por considerar o magistrado *a quo* que o então réu teria remetido substância entorpecente dentro de uma caixa, na modalidade SEDEX, invólucro que fora aberto pelos servidores públicos dos Correios, os quais encontraram a aludida substância.

Ao confirmar a sentença, o egrégio Tribunal de Justiça do [...] assentou que não teria ocorrido a violação de sigilo de correspondência, não restando, em seu entender, malferido o disposto no art. 5º, inciso XII, da Constituição Federal, precisamente o dispositivo que o recorrente aduz ter sido desrespeitado pelo egrégio Colegiado *a quo*, bem como o art. 5º, inciso LVI, da Constituição do Brasil, que veda a admissão de prova obtida por meio ilícito.

Destarte, com o intuito de ser a Constituição Federal obedecida pelo egrégio Tribunal *a quo*, o recorrente ajuíza o vertente recurso extraordinário, eis que esgotadas as instâncias ordinárias.

2. ADMISSIBILIDADE RECURSAL

[O(A) ADVOGADO(A) DEVE SABER QUE **HÁ FATOS QUE NÃO PODEM SER MAIS CONTROVERTIDOS EM SEDE DE RECURSO EXTRAORDINÁRIO**, POIS RESTARAM ESGOTADAS AS INSTÂNCIAS ORDINÁRIAS E EVENTUALMENTE A INSTÂNCIA DO STJ.

CONSIGNAR ESSA INCONTROVÉRSIA, NA PETIÇÃO DE RECURSO, ALÉM DE DEMONSTRAR BOA-FÉ PROCESSUAL, CONDUZ O JULGADOR (E O ASSESSOR!) A LEVAR A SÉRIO A INSURGÊNCIA, A COGITAR SUA ADMISSÃO.

IGUALMENTE, QUANTO AOS **REQUISITOS GERAIS DE ADMISSIBILIDADE RECURSAL**, O MAGISTRADO COMPETENTE (E O ASSESSOR!) AFEREM SE FORAM OBEDECIDOS, POR SE TRATAR DE MATÉRIA DE ORDEM PÚBLICA, SENDO DESNECESSÁRIO O(A) ADVOGADO(A) REGISTRAR QUE O RECURSO PREENCHE ESSES REQUISITOS GERAIS].

É fato incontroverso nos autos o que continha a caixa violada pelos aludidos servidores.

É igualmente verdadeiro que a violação ocorrera sem a presença do recorrente, como obriga a Lei Federal n. 6.538/1978:

> Art. 10 - Não constitui violação de sigilo da correspondência postal a abertura de carta:
> I - endereçada a homônimo, no mesmo endereço;
> II - que apresente indícios de conter objeto sujeito a pagamento de tributos;
> III - que apresente indícios de conter valor não declarado, objeto ou substância de expedição, uso ou entrega proibidos;
> IV - que deva ser inutilizada, na forma prevista em regulamento, em virtude de impossibilidade de sua entrega e restituição.
> Parágrafo único - **Nos casos dos incisos** II e **III a abertura será feita obrigatoriamente na presença do remetente ou do destinatário**. (Grifou-se).

Ocorre que assim não procederam os mencionados servidores, não constando dos autos sequer prova de que o recorrente teria sido convocado pelos Correios para fazer-se presente quando da abertura do recipiente.

Destarte, por patente violação ao sigilo de correspondência e, mais ainda, à manifesta produção ilícita de provas, o recorrente interpõe o presente excepcional, para que se lhe faça justiça, com a declaração de nulidade de todo o processo, absolvendo-o do delito imputado.

[NÃO DEVE HAVER DELONGAS NESTE PONTO.

NA MINHA EXPERIÊNCIA COMO ASSESSOR DE DESEMBARGADOR COMPETENTE PARA APRECIAR RECURSOS EXCEPCIONAIS, ERA PRAXE OBSERVAR-SE MAIS DETIDAMENTE A FUNDAMENTAÇÃO DA IRRESIGNAÇÃO, ADVINDO DAÍ A ADMISSÃO OU A INADMISSÃO DO RECURSO].

3. PRELIMINAR DE REPERCUSSÃO GERAL

[AQUI O(A) ADVOGADO(A) DEMONSTRARÁ QUE O CASO TEM REPERCUSSÃO GERAL, PODENDO VALER-SE DE UM TEMA DA REPERCUSSÃO GERAL DO STF, DE SÚMULA OU JURISPRUDÊNCIA DOMINANTE DO SUPREMO TRIBUNAL FEDERAL (2 ACÓRDÃOS), NOS TERMOS DO ART. 1.035, § 3º, INCISO I, DO CÓDIGO DE PROCESSO CIVIL].

Como cediço, o Pretório Excelso firmou a tese de repercussão geral no Tema n. 1.041, nestes termos:

> "Sem autorização judicial ou fora das hipóteses legais, é ilícita a prova obtida mediante abertura de carta, telegrama, pacote ou meio análogo." ("Leading case": RE n. 1.116.949).

Com efeito, a questão jurídica discutida neste apelo nobre – a abertura de pacote sem autorização judicial ou fora das hipóteses estipuladas pela legislação regente – coaduna-se ao prefalado Tema, o que demonstra ter sido preenchido o requisito da repercussão geral, nos termos do art. 1.035, § 2º, do Código de Processo Civil, pois é incontroverso nos autos o fato de que uma caixa, remetida via SEDEX ao ora recorrente, fora aberta pelos servidores públicos dos Correios, sem autorização judicial e sem a presença do insurgente.

4. VIOLAÇÃO DO ART. 5º, INCISOS XII e LVI, DA CONSTITUIÇÃO DO BRASIL

Estabelece a Constituição Federal:

> Art. 5º Todos são iguais perante a lei [*omissis*].
> XII - é inviolável o sigilo da correspondência e das comunicações telegráficas, de dados e das comunicações telefônicas, salvo, no último caso, por ordem judicial, nas hipóteses e na forma que a lei estabelecer para fins de investigação criminal ou instrução processual penal.
> LVI - são inadmissíveis, no processo, as provas obtidas por meios ilícitos.

Ora bem, é fato provado nos autos que a correspondência do recorrente fora devassada, violada, sem o cumprimento das exigências legais, tendo o citado dispositivo constitucional força normativa que se sobrepõe a qualquer norma inferior, como é de sabença geral.

Noutro giro, tendo em vista que não fora obedecido o procedimento legal, a prova fora obtida por meio ilícito, sendo, portanto, inadmissível no processo, o que o macula desde o nascedouro, eis que dera azo à investigação criminal, à persecução penal e às decisões judiciais consequentes.

Numa palavra: Nula a obtenção inicial de prova, por arrasto, acha-se nulo todo o feito, devendo ser absolvido o recorrente, eis que essa fora a única prova utilizada para a sua injusta condenação.

De mais a mais, não se pode conceber, em um Estado Democrático de Direito, que as referidas garantias do cidadão sejam absolutamente aniquiladas por ato do Poder Público.

Não houve, como já dito, convocação do recorrente para comparecer à abertura do pacote, muito menos ordem judicial a permitir a abertura.

Por fim, não há falar em prevalência da segurança pública, quando não se assegura a um simples cidadão os seus direitos, razão pela qual devem prevalecer, por força decisória desse Suprema Corte, as garantias insculpidas nos dois incisos do art. 5º, ora mencionadas.

5. PEDIDOS

Pelo exposto, sendo patentes as violações à Constituição Federal, e com esteio na tese fixada no Tema n. 1.041 da repercussão geral dessa excelsa Corte, o recorrente requer:

5.1. A declaração de nulidade do ato de abertura da caixa pelos Correios, o que, pela teoria dos frutos da árvore envenenada, atrai a pecha de nulidade para todo o processo.

5.2. Declarada a nulidade do processo, a absolvição do recorrente, com esteio no art. 386, inciso VII, do Código de Processo Penal.

Nestes termos,
Espera deferimento.

[LOCAL E DATA].

[NOME E NÚMERO DA INSCRIÇÃO NA OAB/SECCIONAL].

[ASSINATURA POR CERTIFICAÇÃO DIGITAL].

[EMENTA DO ACÓRDÃO DO STF QUE DERA PROVIMENTO A ESSE RECURSO EXTRAORDINÁRIO]:

> "CONSTITUCIONAL E PENAL. RECURSO EXTRAORDINÁRIO COM REPERCUSSÃO GERAL. PROVA OBTIDA POR MEIO DE ABERTURA DE ENCOMENDA POSTADA NOS CORREIOS. DIREITO AO SIGILO DE CORRESPONDÊNCIA. INADMISSIBILIDADE. RESERVA DE LEI E DE JURISDIÇÃO. RECURSO EXTRAORDINÁRIO QUE SE JULGA PROCEDENTE. 1. Além da reserva de jurisdição, é possível ao legislador definir as hipóteses fáticas em que a atuação das autoridades públicas não seriam equiparáveis à violação do sigilo a fim de assegurar o funcionamento regular dos correios. 2. Tese fixada: "**sem autorização judicial ou fora das hipóteses legais**, **é ilícita a prova obtida mediante abertura de** carta, telegrama, **pacote** ou meio análogo." 3. Recurso extraordinário julgado procedente." (Grifou-se). (STF, RE n. 1.116.949/PR, rel. min. Marco Aurélio, data de julgamento: 18/8/2020, Tribunal Pleno, DJe de 2/10/2020).

RECURSO ESPECIAL E RECURSO EXTRAORDINÁRIO

Constituição Federal:

Art. 102. Compete ao Supremo Tribunal Federal, precipuamente, a guarda da Constituição, cabendo-lhe:

III - julgar, mediante recurso extraordinário, as causas decididas em única ou última instância, quando a decisão recorrida:

a) contrariar dispositivo desta Constituição;

b) declarar a inconstitucionalidade de tratado ou lei federal;

c) julgar válida lei ou ato de governo local contestado em face desta Constituição;

d) julgar válida lei local contestada em face de lei federal.

§ 3° No recurso extraordinário o recorrente deverá demonstrar a repercussão geral das questões constitucionais discutidas no caso, nos termos da lei, a fim de que o Tribunal examine a admissão do recurso, somente podendo recusá-lo pela manifestação de dois terços de seus membros.

Comentários:

RE. Conceito. Trata-se de forma excepcional de recurso, **não configurando terceiro ou quarto grau de jurisdição**, tampouco instrumento processual para correção de injustiça. Por isso, **não pode ser invocada, em grau de RE, a ordem pública de que se revestem algumas questões**, para que possam ser apreciadas *ex officio* e **pela primeira vez** pelo STF, no juízo de cassação. As **questões de ordem pública** devem ser decididas *ex officio* pelo juiz ou podem ser arguidas a qualquer tempo e **grau *ordinário* de jurisdição** (TJ, TRF), conforme autorizam os arts. 485, § 3°, e 337, § 5°, do CPC, mas **não, pela primeira vez, em RE ou REsp**, que são mecanismos de *rejulgamento* da causa (matéria), **pressupondo matéria *já decidida***, conforme clara disposição dos arts. 102, III, e 105, III, da CF. Verificada a procedência da alegação do recorrente, de que o tribunal *a quo* infringiu a CF, o STF, dando provimento ao RE, cassará o acórdão recorrido e, numa segunda fase do julgamento (*juízo de revisão*), aplicará o direito à espécie, podendo ingressar no mérito do caso concreto, apreciar as provas e dar o direito a quem o tem (STF 456). O processo do RE é regulado pelos arts. 1.029 e seguintes do CPC, tendo sido revogados os arts. 632 a 636 do CPP.

Para efeito de impugnabilidade por recurso extraordinário, **causa é toda questão decidida** por meio de atividade jurisdicional, **em última** ou **única instância**.

Requisitos de admissibilidade. RE. Além dos requisitos de admissibilidade gerais existentes para todos os recursos, para o conhecimento do RE pelo STF é preciso que seja demonstrado o seu cabimento, segundo determina o art. 102, III, e § 3º, da CF: a) causa *decidida* (é preciso que a matéria impugnada conste expressamente da decisão recorrida – STF 282 e 356); b) decisão de única ou última instância (ainda que não seja de tribunal); c) a matéria impugnada deve ter *repercussão geral* (econômica, política, social ou jurídica), que ultrapasse os interesses subjetivos da causa (CF, art. 102, § 3º; CPC, art. 1.035); d) a decisão recorrida deve ter sido proferida de modo a: d1) contrariar dispositivo da CF; d2) declarar a inconstitucionalidade de tratado ou de lei federal; d3) julgar válida lei ou ato de governo local contestado em face da CF; d4) julgar válida lei local contestada em face de lei federal.

Constituição Federal:

Art. 105. Compete ao Superior Tribunal de Justiça:

III - julgar, em recurso especial, as causas decididas, em única ou última instância, pelos Tribunais Regionais Federais ou pelos tribunais dos Estados, do Distrito Federal e Territórios, quando a decisão recorrida:

a) contrariar tratado ou lei federal, ou negar-lhes vigência;

b) julgar válido ato de governo local contestado em face de lei federal;

c) der a lei federal interpretação divergente da que lhe haja atribuído outro tribunal.

Comentários:

REsp. Com o objetivo de preservar a autoridade da lei federal no País e uniformizar o seu entendimento, **é admissível o REsp contra acórdãos de tribunais** que, em decisão de **única** ou **última instância**, contrariarem ou negarem vigência a tratado ou lei federal; julgarem válida lei local contestada em face de lei federal; ou derem a esta interpretação diferente da que lhe tenha dado outro tribunal.

REsp. Conceito. Trata-se de forma excepcional de recurso, que **não configura terceiro ou quarto grau de jurisdição**, tampouco instrumento processual para correção de injustiça. Daí **não poder ser invocada, em grau de REsp, a ordem pública de que se revestem algumas questões**, para que possam ser apreciadas *ex officio* e **pela primeira vez pelo STJ**, *no juízo de cassação*. **As questões de ordem pública** devem ser decididas *ex officio* pelo juiz ou podem ser arguidas a qualquer tempo e **grau *ordinário* de jurisdição** (TJ, TRF), conforme autorizam os arts. 485, § 3º, e 337, § 5º, do CPC, mas não, pela primeira vez, em REsp ou RE, que são mecanismos de *rejulgamento* da causa (matéria), **pressupondo matéria *já decidida***, conforme clara disposição dos arts. 105, III, e 102, III, da CF. Verificada a procedência da alegação do recorrente, de que o tribunal *a quo* infringiu, por exemplo, a lei federal, o STJ, dando provimento ao REsp, cassará o acórdão recorrido e, numa segunda fase do julgamento (*juízo de revisão*), aplicará o direito à espécie, podendo ingressar no mérito do caso concreto, apreciar as provas e dar o direito a quem o tem (RISTJ 257 e súmula 456 do STF).

REsp. **Causas decididas**. Por meio do REsp, o STJ somente revê julgamentos dos tribunais inferiores. A competência do STJ para julgar o REsp não é originária, mas sim recursal, o que significa que **o STJ somente *rejulga* questões já julgadas na instância inferior**. Assim, apenas quando tiver sido *decidida* a causa é que, em tese, cabe REsp ao STJ, se o recorrente alegar que o tribunal *a quo* proferiu julgamento com infringência ao texto legal federal. **Questão não decidida na instância inferior não enseja revisão por meio do REsp: o que não foi decidido não pode ser redecidido (revisto)**. Daí por que tem razão o STJ quando exige o *prequestionamento* da questão federal, para que possa conhecer do REsp (súmulas 282 e 356 do STF). **Prequestionar significa provocar o tribunal inferior a pronunciar-se sobre a questão constitucional, previamente à interposição do REsp**. Não havendo sido decidida a questão, se efetivamente alegada anteriormente, a parte terá de opor **embargos de declaração** (súmula 356 do STF), para provocar o julgamento do tribunal inferior sobre a questão por ela arguida ou sobre questão que o tribunal deveria decidir *ex officio* (questão de ordem pública) e não o fez. Permanecendo o juízo inferior sem decidir a questão, mesmo depois de opostos EDcl, e, subsistindo o vício que autorizava a oposição dos embargos, o juízo local ofendeu, no mínimo, o art. 619 do CPP, cabendo REsp contra essa decisão, se presentes os demais requisitos do art. 105, III, da CF (ver a súmula 211 do STJ), REsp esse destinado a *apenas* cassar o acórdão e determinar que o tribunal *a quo* julgue os EDcl. **O art. 1.025 do CPC estabelece a *fictio iuris* de considerar causa decidida aquela que, embora ventilada em embargos de declaração, o TRF ou TJ não a enfrentou**, restando, assim, cumprido o requisito constitucional da causa decidida quando o STF ou STJ entender que eram cabíveis e fundados os EDcl que o tribunal local não admitiu nem proveu.

Requisitos de admissibilidade. REsp. Além dos requisitos de admissibilidade gerais existentes para todos os recursos, para o conhecimento do REsp pelo STJ é preciso que seja demonstrado o seu cabimento, segundo determina o art. 105, III, da CF: a) causa *decidida* (é preciso que a matéria impugnada conste expressamente da decisão recorrida – súmulas 282 e 356 do STF); b) decisão de única ou última instância proferida por tribunal (TRF ou TJ); c) a decisão recorrida deve ter sido proferida de modo a: c1) contrariar tratado ou lei federal ou negar-lhe vigência; c2) julgar válido ato de governo local contestado em face de lei federal; c3) der a lei federal interpretação divergente da que lhe haja atribuído outro tribunal.

Reexame de provas – STJ 7 – (in)admissão do REsp. O que se admite é tão somente a revaloração de fatos incontroversos narrados nos autos e das provas que já foram devidamente colhidas ao longo de toda a instrução probatória, bem como a discussão, meramente jurídica, acerca da interpretação a ser dada ao dispositivo legal tido por afrontado, para saber se houve correta exegese legal no acórdão combatido. (STJ, AgRg no REsp 1.395.663/MS). Não se admite o simples reexame de prova (súmula n. 7 do STJ).

Princípio da dialeticidade. É inadmissível recurso especial quando não realizado o cotejo analítico necessário para a demonstração do dissídio jurisprudencial, quando não atacado determinado fundamento legal que embasa o acórdão da origem, quando não prequestionadas as teses recursais e quando houver a necessidade de revolvimento fático-probatório, tudo isso nos termos das súmulas 282, 283, 284 e 356, do STF, e da súmula 7 do STJ. O subsequente agravo regimental que, em vez de atacar esses fundamentos, limita-se à reprodução do texto do recurso especial e a defender o seu cabimento, ressente-se de regularidade formal face à inobservância do princípio da dialeticidade (STJ, 2.ª T., AgRgREsp 1434100-RJ, rel. Min. Mauro Campbell Marques, j. 25.3.2014, DJUE 31.3.2014).

Súmula 83/STJ: "Não se conhece do recurso especial pela divergência, quando a orientação do Tribunal se firmou no mesmo sentido da decisão recorrida".
Salienta-se que, apesar de tal enunciado sumular se referir ao recurso excepcional interposto com base na ocorrência de divergência jurisprudencial, ele também se aplica ao caso previsto no art. 105, inciso III, alínea "a", da Constituição Federal, o que fulmina a argumentação do recorrente, caso o acórdão vergastado ache-se em plena consonância com a jurisprudência do colendo Superior Tribunal de Justiça.

Para fins de superação do óbice da súmula n. 83/STJ, cabe à parte agravante demonstrar, nas razões do recurso, que a orientação jurisprudencial não se encontra pacificada em razão da existência de entendimento em sentido diverso, ou comprovar que os precedentes indicados no decisório agravado tratavam de situação diversa da dos autos.

AREsp. Carência de dialeticidade. O agravo não obedece ao requisito da regularidade formal, desrespeitando o princípio da dialeticidade, se não infirma concretamente a fundamentação da decisão monocrática que inadmitira o recurso especial.

Não é dialético se não combateu frontalmente o que asseverado e decidido pelo Tribunal na decisão monocrática, se se queda em repisar os pleitos insertos no apelo excepcional, pelas mesmas razões da apelação criminal. Deste modo, carece da forma regular de um recurso, isto é, não se consubstancia em uma peça dialética, de afronta, de combate, de oposição ao que fora decidido monocraticamente.

Código de Processo Civil:

Art. 1.029. O recurso extraordinário e o recurso especial, nos casos previstos na Constituição Federal, serão interpostos perante o presidente ou o vice-presidente do tribunal recorrido, em petições distintas que conterão:

I - a exposição do fato e do direito;

II - a demonstração do cabimento do recurso interposto;

III - as razões do pedido de reforma ou de invalidação da decisão recorrida.

§ 1º Quando o recurso fundar-se em dissídio jurisprudencial, o recorrente fará a prova da divergência com a certidão, cópia ou citação do repositório de jurisprudência, oficial ou credenciado, inclusive em mídia eletrônica, em que houver sido publicado o acórdão divergente, ou ainda com a reprodução de julgado disponível na rede mundial de computadores, com indicação da respectiva fonte, devendo-se, em qualquer caso, mencionar as circunstâncias que identifiquem ou assemelhem os casos confrontados.

§ 5º O pedido de concessão de efeito suspensivo a recurso extraordinário ou a recurso especial poderá ser formulado por requerimento dirigido:

I – ao tribunal superior respectivo, no período compreendido entre a publicação da decisão de admissão do recurso e sua distribuição, ficando o relator designado para seu exame prevento para julgá-lo;

II - ao relator, se já distribuído o recurso;

III – ao presidente ou ao vice-presidente do tribunal recorrido, no período compreendido entre a interposição do recurso e a publicação da decisão de admissão do recurso, assim como no caso de o recurso ter sido sobrestado, nos termos do art. 1.037.

Art. 1.030. Recebida a petição do recurso pela secretaria do tribunal, o recorrido será intimado para apresentar contrarrazões no prazo de 15 (quinze) dias, findo o qual os autos serão conclusos ao presidente ou ao vice-presidente do tribunal recorrido, que deverá:

I – negar seguimento:

a) a recurso extraordinário que discuta questão constitucional à qual o Supremo Tribunal Federal não tenha reconhecido a existência de repercussão geral ou a recurso extraordinário interposto contra acórdão que esteja em conformidade com entendimento do Supremo Tribunal Federal exarado no regime de repercussão geral;

b) a recurso extraordinário ou a recurso especial interposto contra acórdão que esteja em conformidade com entendimento do Supremo Tribunal Federal ou do Superior Tribunal de Justiça, respectivamente, exarado no regime de julgamento de recursos repetitivos;

II – encaminhar o processo ao órgão julgador para realização do juízo de retratação, se o acórdão recorrido divergir do entendimento do Supremo Tribunal Federal ou do Superior Tribunal de Justiça exarado, conforme o caso, nos regimes de repercussão geral ou de recursos repetitivos;

III – sobrestar o recurso que versar sobre controvérsia de caráter repetitivo ainda não decidida pelo Supremo Tribunal Federal ou pelo Superior Tribunal de Justiça, conforme se trate de matéria constitucional ou infraconstitucional;

IV – selecionar o recurso como representativo de controvérsia constitucional ou infraconstitucional, nos termos do § 6º do art. 1.036;

V – realizar o juízo de admissibilidade e, se positivo, remeter o feito ao Supremo Tribunal Federal ou ao Superior Tribunal de Justiça, desde que:

a) o recurso ainda não tenha sido submetido ao regime de repercussão geral ou de julgamento de recursos repetitivos;

b) o recurso tenha sido selecionado como representativo da controvérsia; ou

c) o tribunal recorrido tenha refutado o juízo de retratação.

§ 1º Da decisão de inadmissibilidade proferida com fundamento no inciso V caberá agravo ao tribunal superior, nos termos do art. 1.042.

§ 2º Da decisão proferida com fundamento nos incisos I e III caberá agravo interno, nos termos do art. 1.021.

Art. 1.034. Admitido o recurso extraordinário ou o recurso especial, o Supremo Tribunal Federal ou o Superior Tribunal de Justiça julgará o processo, aplicando o direito.

Parágrafo único. Admitido o recurso extraordinário ou o recurso especial por um fundamento, devolve-se ao tribunal superior o conhecimento dos demais fundamentos para a solução do capítulo impugnado.

Art. 1.035. O Supremo Tribunal Federal, em decisão irrecorrível, não conhecerá do recurso extraordinário quando a questão constitucional nele versada não tiver repercussão geral, nos termos deste artigo.

§ 1º Para efeito de repercussão geral, será considerada a existência ou não de questões relevantes do ponto de vista econômico, político, social ou jurídico que ultrapassem os interesses subjetivos do processo.

§ 2º O recorrente deverá demonstrar a existência de repercussão geral para apreciação exclusiva pelo Supremo Tribunal Federal.

§ 3º Haverá repercussão geral sempre que o recurso impugnar acórdão que:

I - contrarie súmula ou jurisprudência dominante do Supremo Tribunal Federal;

III - tenha reconhecido a inconstitucionalidade de tratado ou de lei federal, nos termos do art. 97 da Constituição Federal.

§ 5º Reconhecida a repercussão geral, o relator no Supremo Tribunal Federal determinará a suspensão do processamento de todos os processos pendentes, individuais ou coletivos, que versem sobre a questão e tramitem no território nacional.

§ 6º O interessado pode requerer, ao presidente ou ao vice-presidente do tribunal de origem, que exclua da decisão de sobrestamento e inadmita o recurso extraordinário que tenha sido interposto intempestivamente, tendo o recorrente o prazo de 5 (cinco) dias para manifestar-se sobre esse requerimento.

§ 7º Da decisão que indeferir o requerimento referido no § 6º ou que aplicar entendimento firmado em regime de repercussão geral ou em julgamento de recursos repetitivos caberá agravo interno.

§ 8º Negada a repercussão geral, o presidente ou o vice-presidente do tribunal de origem negará seguimento aos recursos extraordinários sobrestados na origem que versem sobre matéria idêntica.

§ 9º O recurso que tiver a repercussão geral reconhecida deverá ser julgado no prazo de 1 (um) ano e terá preferência sobre os demais feitos, ressalvados os que envolvam réu preso e os pedidos de habeas corpus.

Comentários:

Cabimento do RE e REsp. Os casos de cabimento do RE estão no art. 102, III, da CF, e os do REsp, no art. 105, III, da CF. Havendo alegação de ofensa à CF e à lei federal, deverão ser interpostos RE e REsp *simultaneamente*, isto é, dentro do prazo de 15 (quinze) dias corridos.

Procedimento. RE e REsp. **Matéria penal**. O procedimento do RE e do REsp interpostos nas ações civis é o estipulado pelo CPC. **Todo o procedimento do RE e REsp em matéria penal é também disciplinado pelo CPC**, à exceção do que dispõem **os arts. 798 e 798-A do CPP**.

Exposição do fato e do direito. Embora os RE e REsp sejam recursos de fundamentação vinculada, cabíveis apenas de questões de direito, a norma exige que sejam mencionados os fatos constitutivos do pedido do recorrente, bem como as razões de direito de sua irresignação recursal.

Não se pode alterar o *fundamento jurídico* do RE ou do REsp, dada a circunstância de serem recursos de fundamentação vinculada. Assim, interposto, por exemplo, REsp com fundamento no art. 105, III, *a*, da CF, não se pode alterar, posteriormente, o fundamento jurídico, querendo que seja julgado conforme a alínea *c*. Nem a parte nem o tribunal podem modificar o fundamento originário, com base no qual fora interposto o recurso excepcional.

Demonstração do cabimento do recurso. Para que seja cumprido esse requisito, não é preciso discutir-se o mérito do recurso. Basta ao recorrente sustentar a existência dos requisitos constitucionais para o cabimento do RE ou do REsp. A *efetiva violação* da CF ou da lei federal é o *mérito* do recurso, que deverá ser analisado em outro tópico das razões recursais (art. 1029, III, do CPC), sendo importante para se determinar o *provimento* ou o *desprovimento* do RE ou do REsp, mas não para a sua admissibilidade. Portanto, a *competência* para aferir-se a existência ou não da *efetiva violação* da CF ou da lei federal, vale dizer, para julgar o *mérito* do recurso, é do STF e STJ, respectivamente, e não do tribunal *a quo*, que não poderá indeferir o processamento do RE ou REsp sob fundamento de que não teria havido ofensa à CF ou à lei federal. Quanto ao RE há, ainda, o requisito da *repercussão geral*, previsto no art. 102, § 3°, da CF, e regulamentado pelo art. 1035 do CPC. Cabe ao recorrente demonstrar, no capítulo do cabimento do recurso (art. 1029, II, do CPC), em que consiste a repercussão geral na hipótese concreta.

RE. **Preliminar de repercussão geral**. Na demonstração do cabimento do RE, exigida pelo art. 1029, II, do CPC, compete ao recorrente destacar, como matéria preliminar, a repercussão geral. Deverá, na preliminar de repercussão geral, demonstrar em que consiste e em que transcende o direito individual posto em causa. Caso a preliminar não tenha sido destacada, **formal e fundamentadamente**, a Presidência do STF recusará o RE, bem como aqueles cuja matéria carecer de repercussão geral, segundo precedente do STF, salvo se a tese tiver sido revista ou estiver em procedimento de revisão (RISTF, art. 327, *caput*). O relator sorteado terá o mesmo poder de indeferir liminarmente o processamento do RE (não conhecer) que não preencha o requisito aqui mencionado e que não tenha sido recusado pela Presidência do STF (RISTF, art. 327, § 1°).

Pedido de nova decisão. Aqui, sim, o recorrente deverá apontar em que consistiu a ofensa à CF ou a negativa de vigência da lei federal, ou, ainda, a divergência jurisprudencial e qual é a interpretação correta da lei federal. A lide recursal é delimitada pelo pedido que o recorrente deduz em suas razões. Sem ele não se poderá conhecer do recurso, tampouco delimitar-se o *quantum appellatum*. Cabe ao recorrente demonstrar as razões pelas quais entende que a decisão recorrida, *v.g.*, ofendeu a CF

(RE) ou negou vigência à lei federal (REsp), indicando elementos de fato e de direito, a fim de que o STF e o STJ possam julgar o mérito do RE e do REsp.

Dissídio jurisprudencial. REsp. Dois são os requisitos que o recorrente deve demonstrar nas razões do REsp interposto com fundamento no art. 105, III, *c*, da CF: a) *prova* da divergência jurisprudencial; b) *conformação do caso ao paradigma* que fundamenta o recurso. O recorrente deve comprovar a existência da divergência com certidão, cópia ou citação do repositório de jurisprudência, oficial ou credenciado, inclusive em mídia eletrônica, em que houver sido publicado o acórdão divergente, ou ainda com a reprodução de julgado disponível na rede mundial de computadores, com indicação da respectiva fonte. Além da prova da divergência jurisprudencial, compete ao recorrente, nas razões do REsp, **mencionar as circunstâncias que identifiquem ou assemelhem os casos confrontados**, o que poderá ser empreendido com a transcrição do *trecho do acórdão paradigma* e o *trecho do acórdão recorrido* onde isto ter-se-ia verificado. Essa transcrição, embora prevista no RISTJ, art. 255, § 2°, caracteriza-se como especificação do *requisito legal* constante do art. 1029, § 1°, do CPC. Daí o porquê de sua pertinência para justificar a incidência do texto normativo ora comentado. Aplica-se ao REsp fundado no art. 105, III, *c*, da CF, o disposto no art. 1029, §§ 1° e 2°, do CPC. Havendo conflito entre CPC e RISTJ, prevalece o disposto na lei processual civil.

Dissídio jurisprudencial. Forma de comprovação. "O conhecimento de recurso especial pela alínea *c* do permissivo constitucional exige a comprovação do dissídio jurisprudencial nos moldes exigidos pelos CPC 1029 § 1.° e RISTJ 255 §§ 1.° e 2.°, com a juntada de cópias dos acórdãos paradigmas e a descrição da similitude fática e divergência de decisões" (STJ, 3.ª T., AgRgAg 239850-SP, rel. Min. Castro Filho, j. 10.12.2002, DJU 17.2.2003, p. 269). *No mesmo sentido*, com mais detalhes: A divergência jurisprudencial não restou demonstrada por meio do cotejo analítico com transcrição de trechos dos acórdãos recorrido e paradigma que exponham a similitude fática e a diferente interpretação da lei federal entre os casos confrontados, conforme exigem os [CPC 1029 § 1° e RISTJ 255 § 2.°], **não bastando, para tanto, a mera transcrição da ementa e de trechos do voto condutor do acórdão paradigma** (STJ, 3.ª T., AgRgAREsp 213127-MG, rel. Min. Sidnei Beneti, j. 18.3.2014, DJUE 10.4.2014).

Divergência jurisprudencial. Dissídio notório. Conhece-se de REsp por divergência jurisprudencial (CF, art. 105, III, *c*) quando, a despeito de o recorrente não observar a forma constitucional, legal ou regimental, **o dissídio for notório**, como ocorre no caso de **o acórdão recorrido contrariar súmula deste tribunal** (STJ, 2.ª T., REsp 313279-DF, rel. Min. Franciulli Neto, j. 28.8.2001, DJU 12.11.2001, p. 145). No mesmo sentido: STJ, 2.ª T., AgRgREsp 1410741-RS, rel. Min. Humberto Martins, j. 11.2.2014, DJUE 21.2.2014.

Divergência jurisprudencial. Jurisprudência firme. STJ 83: "*Não se conhece do recurso especial pela divergência, quando a orientação do Tribunal se firmou no mesmo sentido da decisão recorrida*". (V. STF 286).

Divergência jurisprudencial. Mesmo tribunal. STJ 13: "*A divergência entre julgados do mesmo Tribunal não enseja recurso especial*".

Duplo fundamento. É inadmissível REsp, quando o acórdão se assenta em fundamento constitucional e fundamento infraconstitucional [*rectius*; federal], qualquer deles suficiente, por si só, para mantê-lo, e a parte vencida não manifesta RE ou este é inadmitido e transita em julgado o primeiro fundamento (questão de ordem no REsp 17664-0-SP, aprovada unanimemente pela 1.ª Seção, em 18.2.1992) (STJ, REsp 16607, rel. Min. Demócrito Reinaldo, j. 20.5.1992, DJU 15.6.1992, p. 9221).

Fundamentação deficiente. **STF 284**: "*É inadmissível o recurso extraordinário, quando a deficiência na sua fundamentação não permitir a exata compreensão da controvérsia*". Esta súmula, também aplicável ao REsp por analogia, deve ser considerada em três circunstâncias: (i) as razões do recurso estão dissociadas da fundamentação empregada na decisão recorrida; (ii) os fundamentos invocados pelo recorrente não têm o condão de alterar a decisão recorrida, ou seja, o recuso é meramente protelatório; (iii) a falta de fundamentação do RE não permite a correta compreensão da controvérsia existente nos autos.

Liminar. Acórdão que a defere. Descabimento de RE. **STF 735**: "*Não cabe recurso extraordinário contra acórdão que defere medida liminar*".

Ofensa à CF. **Princípio da legalidade**. Revisão de interpretação de norma infraconstitucional. Inadmissibilidade do RE. **STF 636**: "*Não cabe recurso extraordinário por contrariedade ao princípio constitucional da legalidade, quando a sua verificação pressuponha rever a interpretação dada a normas infraconstitucionais pela decisão recorrida*".

Ofensa indireta (reflexa) à CF. Inadmissibilidade do RE. "Alegação de ofensa indireta à CF não dá margem ao cabimento do recurso extraordinário" (STF, 1.ª T., AgRgAg 210550-7-MG, rel. Min. Moreira Alves, j. 24.4.1998, DJU 26.6.1998, p. 5).

Prazo. Suspensão. EDcl intempestivos. Apresentados os embargos declaratórios serodiamente, o prazo recursal não se suspende. Intempestivo o REsp, dele não se conhece (STJ, 1.ª T., REsp 2611-MA, rel. Min. Garcia Vieira, j. 19.6.1991, DJU 19.8.1991, p. 10981). Os EDcl *interrompem*, para qualquer das partes, o prazo para o recurso seguinte (CPC 1026 *caput*), desde que sejam conhecidos.

Prazo do RE no processo penal. É de 15 (quinze) dias corridos, conforme a Lei 8.038/90, art. 26, restando superada a súmula 602 do STF.

Questão constitucional. Está preclusa a questão constitucional que poderia ter sido suscitada perante o tribunal local, e não o foi, para dar margem à interposição do RE concomitantemente com a do REsp. Não se pode suscitar a questão constitucional, pela primeira vez, em EDcl no REsp (STF, 1.ª T., AgAg 139013-2-BA, rel. Min. Moreira Alves, j. 19.10.1993, DJU 25.3.1994, p. 6013). No mesmo sentido: Na linha da jurisprudência dominante do Superior Tribunal de Justiça, o prequestionamento de temas constitucionais, tendo em vista a futura interposição de recurso extraordinário, é finalidade a que não se prestam os embargos de declaração (STJ, 5.ª T., EDclRMS 28169-PE, rel. Min. Marco Aurélio Bellizze, j. 3.4.2014, DJUE 10.4.2014).

Questão nova não ventilada. Arguindo a recorrente questão nova, não ventilada na decisão recorrida, é inadmissível o apelo excepcional. Hipótese em que, ademais, o acórdão hostilizado repousa em mais de um fundamento suficiente e o recurso não abrange todos eles. Aplicação dos princípios contidos nas STF 282 e 283 (STJ, 4.ª T., AgRgAg 6523-DF, rel. Min. Barros Monteiro, j. 27.6.1991, DJU 19.8.1991, p. 10997).

RE. Afronta a princípios constitucionais. É inviável o exame da tese, deduzida no Recurso Especial, de afronta aos princípios da legalidade, eficiência, proporcionalidade e razoabilidade, elencados na Lei 9.784/99, art. 2.º, uma vez que encontram seu fundamento diretamente na Constituição Federal. Precedentes. (STJ, 2.ª T., AgRgREsp 1446729-PB, rel. Min. Assusete Magalhães, DJUE 14.11.2014).

Reexame de prova. RE. STF 279: "*Para simples reexame de prova não cabe recurso extraordinário*". V. STJ 7.

Negar seguimento ao recurso. A lei distingue as hipóteses em que o presidente ou vice-presidente do tribunal *a quo* "nega seguimento" (CPC, art. 1030, I) ao recurso, dos casos em que ele "profere juízo de admissibilidade" (CPC, art. 1030, V). Na verdade, **negar seguimento significa proferir juízo negativo de admissibilidade, pois tranca a via recursal e impede que o recurso seja julgado pelo mérito**.

A distinção é prática e tem utilidade para aferir-se a recorribilidade da decisão fundada num (CPC, art. 1030, I) e noutro (CPC, art. 1030, V) dispositivo legal: a) decisão que **nega seguimento** com base no CPC, art. 1030, I, desafia impugnação pelo **agravo interno** do CPC, art. 1021 (CPC, art. 1030, § 2º); b) decisão que **inadmite recurso** com base no CPC, art. 1030, V, é impugnável por **agravo do art. 1042 do CPC**, para o STF e/ou STJ (CPC, art. 1030, § 1º).

Recorribilidade apenas por agravo interno. Impedimento da subida do RE/REsp. Quando o Presidente ou Vice-Presidente do tribunal local negar seguimento ao recurso excepcional (RE ou REsp), isto é, proferir *juízo negativo de admissibilidade*, essa decisão é impugnável apenas e tão somente pelo agravo interno do art. 1021 do CPC. Isto significa que, negado seguimento ao recurso e improvido o agravo interno pelo próprio tribunal *a quo*, aquele que proferiu a decisão recorrida por RE/REsp, **não há nenhuma outra previsão de recorribilidade para o STF e/ou STJ**.

RE e repercussão geral. O RE deve ter seguimento negado quando nele se discuta matéria constitucional a respeito da qual **o STF já manifestou inexistir repercussão geral**, ou quando **a decisão recorrida tenha aplicado entendimento do STF manifestado em repercussão geral**.

Juízo positivo de admissibilidade. O juízo de admissibilidade será feito: a) quando não tiver sido negado seguimento ao recurso (CPC 1030 I); b) quando o relator não fizer a retratação de que trata o CPC 1030 II; c) não tiver havido sobrestamento do recurso em razão de a matéria objeto do recurso ser idêntica à de outro submetido ao procedimento de recurso repetitivo, mas ainda não julgado (CPC 1030 III); d) o caso objeto do RE e/ou REsp tiver sido selecionado como representativo de controvérsia, para efeito de dar-se a ele o procedimento de recurso repetitivo (CPC 1030 IV e 1036). Ultrapassadas todas essas fases, o presidente ou vice-presidente do tribunal deverá verificar se estão presentes os *pressupostos de admissibilidade* dos recursos excepcionais, sendo-lhe vedado o ingresso no *mérito* dos mesmos recursos. Analisar se a decisão recorrida, por exemplo, ofendeu ou não a CF, se negou vigência ou não à lei federal, é julgar o próprio mérito do RE e/ou REsp, competência que o tribunal *a quo* não tem. Os requisitos de admissibilidade do recurso são: a) *intrínsecos* (cabimento do recurso [CPC 994; CF 102 III; CF 105 III], legitimidade para recorrer [CPC 996], interesse em recorrer [sucumbência] – CPC 996]); e b) *extrínsecos* (tempestividade [CPC 1003], regularidade formal [CPC 1029], inexistência de fato impeditivo ou extintivo do poder de recorrer [*renúncia* ao direito de recorrer – (CPC 999), *desistência* do recurso já interposto (CPC

998), *aquiescência* à decisão recorrida (CPC 1000)] e preparo (quando exigível) [CPC 1007]). Para o RE há, ainda, a existência de *repercussão geral* (CF 102 III e § 3.º), que se configura como pressuposto especial de admissibilidade. Estando presentes todos os requisitos de admissibilidade do recurso excepcional efetivamente interposto, será proferido *juízo positivo de admissibilidade*, que será provisório, pois não vincula, no STF e/ou STJ, o relator para o qual o recurso for distribuído, nem a turma julgadora competente para julgar o mérito do RE e/ou REsp. Sendo positivo o juízo de admissibilidade, o tribunal de origem determinará a remessa dos autos ao STF e/ou STJ, onde terá prosseguimento.

Agravo para o STF e/ou STJ (CPC 1042). A decisão do presidente ou vice-presidente do tribunal *a quo* que *inadmitir* o recurso excepcional, no caso do CPC 1030 V (juízo de admissibilidade negativo), é impugnável *diretamente* por agravo dirigido ao STF e/ou STJ, conforme disposto no CPC 1042, no prazo de 15 (cinco) dias corridos.

Agravo interno (CPC 1021). Contra decisão monocrática do presidente ou vice-presidente do tribunal de origem que negar seguimento a RE e/ou REsp, nos casos do CPC 1030 I (negar seguimento a RE e/ou REsp) e III (sobrestar o andamento do RE e/ou REsp), não cabe, pela via direta, agravo para o STF e/ou STJ, mas agravo interno para órgão colegiado do próprio tribunal *a quo* (CPC 1021).

Capítulos da decisão denegatória. **Agravo para o STF/STJ** (CPC 1042) e **agravo interno** (CPC 1021). Caso o recurso excepcional seja interposto com vários fundamentos (*v.g.* CF 102 III *a* e *b*, CF 105 III *a* e *c*) e haja decisão de negativa de seguimento ao RE/REsp com base, *e.g.*, no CPC 1030 I e V, parte da decisão é impugnável por agravo interno e parte pelo agravo do CPC 1042. Consideram-se os capítulos da decisão para efeito de recorribilidade, de sorte que o recorrente deverá interpor os dois agravos simultaneamente. O agravo da decisão denegatória com base no CPC 1030 V é dirigido ao STF/STJ (CPC 1042), ao passo que o capítulo da decisão que denegou o recurso excepcional com fundamento no CPC 1030 I é impugnável por agravo interno (CPC 1021), conforme determinam os §§ 1.º e 2.º do CPC 1030. O recorrente não pode interpor somente o agravo do CPC 1042 para o tribunal superior abarcando todos os capítulos, porque não terá sido esgotada a via recursal ordinária, já que previsto o agravo interno contra o capítulo da decisão denegatória fundada no CPC 1030 I.

Decisão sobre RE e REsp. Interposição simultânea de AgInt (CPC 1021) e de Ag (CPC 1042). Jornada I DirProcCiv STJ 77: "*Para impugnar decisão que obsta trânsito a recurso excepcional e que contenha simultaneamente fundamento relacionado à sistemática dos recursos repetitivos ou da repercussão geral (art. 1030, I, do CPC) e fundamento relacionado à análise dos pressupostos de admissibilidade recursais (art. 1030, V, do CPC), a parte sucumbente deve interpor, simultaneamente, agravo interno (art. 1021 do CPC) caso queira impugnar a parte relativa aos recursos repetitivos ou repercussão geral e agravo em recurso especial/extraordinário (art. 1042 do CPC) caso queira impugnar a parte relativa aos fundamentos de inadmissão por ausência dos pressupostos recursais*".

Interposição conjunta de RE e REsp. É obrigatória caso a decisão do tribunal de segundo grau tenha duplo fundamento, constitucional e legal. Para se admitir que o STJ possa julgar as questões jurídicas que têm assento legal e constitucional, a decisão recorrida *deve* ser atacada simultaneamente por recurso especial e recurso extraordinário, tal como destacam a STJ 126 e a STF 283. Caso se permitisse que o STJ examinasse esses pontos sem que tivesse sido interposto, simultaneamente, o recurso extraordinário, estar-se-ia possibilitando ao STJ examinar, em última instância, questões jurídicas cujo fundamento é constitucional, sem permitir que o STF pudesse sequer se pronunciar acerca da correção dessa decisão, tendo em vista que o recurso extraordinário não foi interposto, de modo que o STJ passaria a ser o último intérprete da aplicação do texto constitucional ao caso concreto.

Acórdão de segundo grau com duplo fundamento. Se o acórdão emanado de Tribunal de segundo grau assentar-se em duplo fundamento (constitucional e legal), impõe-se, à parte interessada, o dever de interpor tanto o recurso especial para o Superior Tribunal de Justiça quanto o recurso extraordinário para o Supremo Tribunal Federal, sob pena de, na ausência do apelo extremo, a parte recorrente sofrer, por força de sua própria omissão, os efeitos jurídico-processuais da preclusão pertinente à motivação de ordem constitucional. Se tal ocorrer, a existência de fundamento constitucional inatacado revelar-se-á bastante, só por si, para manter, em face de seu caráter autônomo e subordinante, a decisão proferida por Tribunal de segunda instância. O acórdão do Superior Tribunal de Justiça somente legitimará o uso da via recursal extraordinária, se, nele, se desenhar, originariamente, a questão de direito constitucional. Surgindo esta, contudo, em sede jurisdicional inferior, a impugnação, por meio do recurso extraordinário, deverá ter por objeto a decisão emanada do Tribunal de segundo grau, pois terá sido este, e não o Superior Tribunal de Justiça, o órgão judiciário responsável pela resolução *incidenter tantum* da controvérsia de constitucionalidade. Precedentes (STF, 2.ª T.,

AgRgARE 783147-DF, rel. Min. Celso de Mello, j. 25.3.2014, DJUE 11.4.2014).

Juízo de admissibilidade do RE e do REsp. Compõem o *juízo de admissibilidade* do RE e do REsp os *requisitos de admissibilidade* exigidos, respectivamente, pela CF 102 III e § 3.º (repercussão geral) e 105 III. Segundo os preceitos da teoria geral dos recursos, se os requisitos de admissibilidade estiverem presentes, o juízo de admissibilidade será positivo, o que implica *conhecer* do recurso, isto é, admiti-lo para que seja julgado pelo mérito. Ausente um dos pressupostos de admissibilidade, o juízo será negativo, o que significa *não conhecer* do recurso, vale dizer, o tribunal não ingressará no exame do mérito, não dirá se o recorrente tem ou não tem razão quanto à pretensão recursal. São pressupostos de admissibilidade do RE: a) gerais: tempestividade, legitimidade para recorrer, interesse em recorrer (sucumbência), regularidade formal, preparo (se exigível), inexistência de fato extintivo, modificativo ou impeditivo do poder de recorrer (aquiescência, desistência, renúncia); b) especiais: **questão constitucional efetivamente decidida (prequestionamento) por juiz ou tribunal, em única ou última instância**, versar sobre uma das matérias mencionadas na CF 102 III e **possuir repercussão geral (CF 102 § 3.º)**. São pressupostos de admissibilidade do REsp: a) gerais: idênticos aos do RE; b) especiais: **questão federal efetivamente decidida (prequestionamento) por tribunal, em única ou última instância**, versar sobre uma das matérias mencionadas na CF 105 III. Aqui não se coloca a questão do efetivo descumprimento da CF ou da lei federal, que são matérias de mérito, que fazem parte do juízo de mérito dos recursos excepcionais: basta que o recorrente *alegue* ofensa à Constituição ou à lei para que o RE ou REsp seja *cabível*, isto é, possa ser conhecido (se presentes, evidentemente, os demais requisitos constitucionais e legais de admissibilidade). A violação *efetiva* da CF e da lei são matérias de mérito, que fazem com que o recurso seja provido ou desprovido para cassar-se e rejulgar-se a causa.

Prequestionamento. Questão jurídica. Desnecessidade de o acórdão recorrido mencionar a norma violada. "Encontra-se assentado o entendimento nesta Corte no sentido de que **o prequestionamento consiste no debate e na solução da *quaestio iuris* que envolva a norma positiva tida por violada**, prescindindo de sua expressa menção no corpo do acórdão" (STJ, 2.ª T., AgRgREsp 100677-SC, rel. Min. Laurita Vaz, j. 4.6.2002, DJU 14.4.2003, p. 207).

Repercussão geral. Pressuposto especial de admissibilidade do RE. A repercussão geral da questão constitucional submetida ao reexame do STF por meio do RE é pressuposto especial de admissibilidade desse recurso excepcional (CF 102 § 3.º). Compete ao Pleno do STF não conhecer do RE quando a questão constitucional objeto do RE não possuir a característica da repercussão geral, por decisão de pelo menos 8 (oito) de seus 11 (onze) Ministros (CF 102 § 3.º). Essa decisão é irrecorrível, isto é, não impugnável por agravo ou qualquer outro recurso. Todavia, na hipótese de a decisão conter um dos vícios do CPC 1022 [CPP 619], poderá ser completada ou aclarada por EDcl, opostos pela parte ou por terceiro (CPC 996) [CPP 577], dada a natureza de *decisão-quadro* de que poderá revestir-se a decisão do STF. Os erros de fato e materiais podem ser corrigidos *ex officio* ou a requerimento da parte, interessado ou de terceiro, agora também mediante EDcl. *Repercussão geral* é conceito legal indeterminado, cuja concretude deve ser dada em razão a algo "que diga respeito a um grande espectro de pessoas ou a um largo segmento social, uma decisão sobre assunto constitucional impactante, sobre tema constitucional muito controvertido, em relação a decisão que contrarie decisão do STF; que diga respeito à vida, à liberdade, à federação, à invocação do princípio da proporcionalidade (em relação à aplicação do texto constitucional) etc.; ou, ainda, outros valores conectados ao texto constitucional, que se alberguem debaixo da expressão *repercussão social*" (Arruda Alvim. *A EC n. 45 e o instituto da repercussão geral*, in Wambier. *Reforma do Judiciário*, p. 63). Essa repercussão geral pode ser jurídica, econômica, social, política, desde que ultrapasse os interesses subjetivos da causa. Serão de repercussão geral para os efeitos da CF 102 § 3.º, por exemplo, questões atinentes aos direitos humanos (CF 5.º); dignidade da pessoa humana (CF 1.º III); cidadania, nacionalidade e direitos políticos; soberania nacional; cultura e símbolos nacionais; ordem econômica.

Decisão contrária à súmula ou à jurisprudência dominante do STF. A norma atribui **repercussão geral** à situação em que o RE agita questão decidida pela instância inferior que contrarie a súmula simples ou vinculante do STF, ou ainda, jurisprudência dominante do Pretório Excelso. No RE interposto contra decisão que haja contrariado súmula (simples ou vinculante) ou jurisprudência predominante do STF, existe ***presunção de repercussão geral*** (RISTF 323 § 1.º). A repercussão geral existirá, também, quando a decisão impugnada contrariar a jurisprudência dominante do STF. Por jurisprudência dominante deve-se entender o conjunto de pelo menos duas decisões proferidas por Turma ou pelo Pleno do STF, firmes, transitadas em julgado, sobre determinado tema de direito. As decisões monocráticas proferidas por Ministro do STF, se externarem conteúdo de entendimento dominante do Tribunal, podem, em tese e eventualmente, configurar o que a norma comentada nomina de *jurisprudência dominante do STF*.

O Superior Tribunal de Justiça entende que **não cabe recurso especial** fundado em **alegação de violação de verbete sumular**, eis que tal instituto **não se enquadra no conceito de lei federal** (REsp

1.208.055/RJ, DJe 28/10/2010; AgRg no Ag 1.304.587/CE, DJe 7/10/2010, e REsp 1.151.121/RJ).
Este entendimento inclusive já se acha sumulado pelo STJ:

Súmula 518: Para fins do art. 105, III, a, da Constituição Federal, não é cabível recurso especial fundado em alegada violação de enunciado de súmula.

Noutro giro, contra *decisum* que eventualmente **não seguira enunciado de súmula vinculante**, é cabível, em tese, **reclamação para o STF**, a teor do que dispõe **o art. 7º da Lei Federal n. 11.417/2006**.

AGRAVO EM RE E AGRAVO EM RESP

Código de Processo Civil:

Art. 1.042. Cabe agravo contra decisão do presidente ou do vice-presidente do tribunal recorrido que inadmitir recurso extraordinário ou recurso especial, salvo quando fundada na aplicação de entendimento firmado em regime de repercussão geral ou em julgamento de recursos repetitivos.

§ 2º A petição de agravo será dirigida ao presidente ou ao vice-presidente do tribunal de origem e independe do pagamento de custas e despesas postais, aplicando-se a ela o regime de repercussão geral e de recursos repetitivos, inclusive quanto à possibilidade de sobrestamento e do juízo de retratação.

§ 3º O agravado será intimado, de imediato, para oferecer resposta no prazo de 15 (quinze) dias.

§ 4º Após o prazo de resposta, não havendo retratação, o agravo será remetido ao tribunal superior competente.

§ 5º O agravo poderá ser julgado, conforme o caso, conjuntamente com o recurso especial ou extraordinário, assegurada, neste caso, sustentação oral, observando-se, ainda, o disposto no regimento interno do tribunal respectivo.

§ 6º Na hipótese de interposição conjunta de recursos extraordinário e especial, o agravante deverá interpor um agravo para cada recurso não admitido.

§ 7º Havendo apenas um agravo, o recurso será remetido ao tribunal competente, e, havendo interposição conjunta, os autos serão remetidos ao Superior Tribunal de Justiça.

Comentários:

Agravo para o STF e/ou STJ. Contra a decisão do presidente ou vice-presidente do tribunal *a quo* que proferir *juízo negativo de admissibilidade* (CPC 1030 V), cabe o agravo de que trata o texto normativo sob comentário, a ser interposto no prazo de 15 (cinco) dias corridos. No caso de o tribunal de origem *negar seguimento* (CPC 1030 I) ao RE e/ou REsp, contra essa decisão o recurso cabível é o de agravo interno (CPC 1021) para o colegiado respectivo do mesmo tribunal *a quo*.

Efeito suspensivo. Como ocorre para todos os recursos, ao agravo em RE/REsp pode ser concedido efeito suspensivo, desde que fique demonstrado o risco de dano grave, de difícil ou impossível reparação, bem como a probabilidade de provimento do recurso (CPC, art. 995, § único). Não havendo disposição específica sobre efeito suspensivo aplicável já no momento da interposição do agravo, entende-se que, não sendo requerida a concessão do efeito suspensivo, o recurso será recebido apenas no efeito devolutivo.

Contraminuta. Ainda no tribunal de origem, o agravado deve oferecer sua resposta ao recurso, conforme o CPC, art. 1042, § 3º.

Julgamento conjunto com o RE ou REsp. Caso o agravo seja provido, o mérito do RE ou do REsp poderá ser julgado na mesma oportunidade.

Interposição conjunta de RE e REsp. O RE e o REsp são apreciados e julgados por diferentes tribunais e a fundamentação da denegação de ambos os recursos é distinta, já que distintos os seus requisitos de admissibilidade (CF 102 III e 105 III). Portanto, não faz sentido que o mesmo agravo em RE/REsp sirva para os dois recursos. Essa estrita separação entre o julgamento do RE e do REsp, além de evidente pelo exposto, é dedutível a partir do entendimento esposado pelo STF e pelo STJ para o julgamento do RE e do REsp, constante da STF 283 e da STJ 126.

Impugnação específica dos fundamentos da decisão recorrida. O agravo interposto contra decisão denegatória de processamento de recurso especial que não impugna, especificamente, os fundamentos por ela utilizados, não deve ser conhecido (STJ, 3.ª T., AgInt no AREsp 343216-SC, rel. Min. Nancy Andrighi, j. 21.2.2017, DJUE 24.2.2017).

Mérito do agravo em recurso constitucional. O mérito do agravo em recurso excepcional é a impugnação da decisão monocrática que inadmitira o recurso constitucional ajuizado pela parte. Não há outra questão de mérito no agravo.

É dizer: Por meio do agravo, o agravante deve combater as razões que fundamentaram a inadmissão de seu recurso excepcional, demonstrando cabalmente que elas não subsistem.

Portanto, é inócuo reiterar o mérito do recurso constitucional, muito menos o da apelação criminal, do recurso em sentido estrito, do agravo em execução, conforme o caso.

Com efeito, o que será apreciado **no agravo** em recurso excepcional será o acerto, ou não, da decisão monocrática de inadmissão do apelo constitucional.

Somente se for conhecido e provido o agravo, julgar-se-á o mérito do apelo nobre.

Bem por isso, tanto o agravante como o agravado devem ater-se ao mérito da monocrática. A nada mais.

Por essas razões, caso o recurso especial tenha sido inadmitido pelo óbice da súmula 7 do STJ, não basta alegar, no agravo, que se buscou, no recurso especial, tão somente a revaloração dos critérios jurídicos utilizados pelos julgadores de segunda instância, ou que se tratou de exclusivo debate sobre a interpretação da legislação infraconstitucional.

O agravante deve demonstrar, de forma patente, essa argumentação, colacionando trechos do recurso especial e comprovando que efetivamente não buscou o reexame de provas, mas que discutiu questão eminentemente de direito.

Ademais, deverá mostrar que não questionou os fatos incontroversos nos autos (os que constaram no acórdão), mas que tão somente requerera, por meio do recurso especial, que incidisse corretamente sobre o caso a legislação infraconstitucional aplicável ou que esta mereceria ser interpretada de modo acertado pelo tribunal *a quo* ao julgar a espécie.

Outrossim, para fins de superação do óbice da súmula n. 83/STJ, cabe à parte agravante demonstrar, nas razões do recurso, que a orientação jurisprudencial não se encontra pacificada em razão da existência de entendimento em sentido diverso, ou comprovar que os precedentes indicados no decisório agravado tratavam de situação diversa da dos autos.

AGRAVO INTERNO EM RE E EM RESP

Código de Processo Civil:

Art. 1.021. Contra decisão proferida pelo relator caberá agravo interno para o respectivo órgão colegiado, observadas, quanto ao processamento, as regras do regimento interno do tribunal.

§ 1º Na petição de agravo interno, o recorrente impugnará especificadamente os fundamentos da decisão agravada.

§ 2º O agravo será dirigido ao relator, que intimará o agravado para manifestar-se sobre o recurso no prazo de 15 (quinze) dias, ao final do qual, não havendo retratação, o relator levá-lo-á a julgamento pelo órgão colegiado, com inclusão em pauta.

§ 3º É vedado ao relator limitar-se à reprodução dos fundamentos da decisão agravada para julgar improcedente o agravo interno.

Comentários:

Agravo interno. A norma prevê recurso de *agravo interno* contra o ato decisório, **singular, do relator**, de inadmissibilidade, provimento ou desprovimento do recurso. O agravo interno deve ser julgado pelo órgão colegiado do tribunal competente para conhecer e julgar o recurso indeferido, provido ou desprovido pelo relator.

Decisão do relator. A decisão do relator é impugnável pelo recurso de agravo interno, que deve ser interposto em quinze dias (CPC 1003 § 5.º), salvo quanto ao agravo interno da decisão do Presidente do Tribunal proferida no incidente de *suspensão da liminar* ou da *segurança*, no processo do MS, para o qual há o prazo de 5 (cinco) dias previsto expressamente na LMS 15 que, por ser especial, prevalece sobre a geral, do CPC.

Resposta do agravado. Interposto o agravo interno contra a decisão monocrática do relator, deve ser intimada a parte contrária, para que apresente resposta (contraminuta) ao agravo, em atendimento ao CPC 1021 § 2º.

Impugnação especificada. Como deve ser em todo e qualquer recurso, o recorrente tem o ônus de impugnar especificadamente os fundamentos da decisão agravada, sob pena de não conhecimento do agravo. O parágrafo 1º acolheu o disposto na STJ 182.

Julgamento. Negado provimento ao agravo, fica mantida a decisão do relator que indeferiu o recurso. Provido o agravo, a consequência será a determinação do processamento do recurso indeferido pelo relator. Em qualquer caso, a decisão do agravo substituirá a decisão indeferitória agravada (CPC 1008).

Repetição dos fundamentos da decisão agravada. Está bastante disseminada nos tribunais a prática de transcrever literalmente, no acórdão que julga o agravo interno, os termos da decisão agravada, como se não se tratassem de dois recursos distintos – o que, evidentemente, não é verdade. Ainda que o próprio agravo interno se limite a repetir os termos do recurso original, a decisão do agravo interno deve ter a sua fundamentação própria e específica, nem que seja no sentido de expor que o agravante não trouxe qualquer novidade ou esclarecimento na interpretação que foi feita quando do julgamento do recurso original, sob pena de violação do CF 93 IX.

Agravo interno contra decisão colegiada. A interposição de agravo interno contra decisão colegiada constitui erro grosseiro e inescusável, que inviabiliza, até mesmo a aplicação do princípio da fungibilidade recursal. Precedentes (STJ, 3.ª T., AgIntEmbDclAgIntAREsp 851135-RN, rel. Min. Marco Aurélio Bellizze, j. 15.12.2016, DJUE 3.2.2017).

Decisão sobre RE e REsp. Interposição simultânea de AgInt (CPC 1021) e de Ag (CPC 1042). Jornada I DirProcCiv STJ 77: "*Para impugnar decisão que obsta trânsito a recurso excepcional e que contenha simultaneamente fundamento relacionado* à *sistemática dos recursos repetitivos ou da repercussão geral (art. 1030, I, do CPC) e fundamento relacionado* à *análise dos pressupostos de admissibilidade recursais (art. 1030, V, do CPC), a parte sucumbente deve interpor, simultaneamente, agravo interno (art. 1021 do CPC) caso queira impugnar a parte relativa aos recursos repetitivos ou repercussão geral e agravo em recurso especial/extraordinário (art. 1042 do CPC) caso queira impugnar a parte relativa aos fundamentos de inadmissão por ausência dos pressupostos recursais*".

Fundamento do agravo. STJ 182: "*É inviável o agravo do CPC/1973 545* [v. CPC 1021] *que deixa de atacar especificamente os fundamentos da decisão agravada*".

EMBARGOS DE DIVERGÊNCIA

Código de Processo Civil:

Art. 1.043. É embargável o acórdão de órgão fracionário que:
I - em recurso extraordinário ou em recurso especial, divergir do julgamento de qualquer outro órgão do mesmo tribunal, sendo os acórdãos, embargado e paradigma, de mérito;
III - em recurso extraordinário ou em recurso especial, divergir do julgamento de qualquer outro órgão do mesmo tribunal, sendo um acórdão de mérito e outro que não tenha conhecido do recurso, embora tenha apreciado a controvérsia;

§ 1º Poderão ser confrontadas teses jurídicas contidas em julgamentos de recursos e de ações de competência originária.

§ 2º A divergência que autoriza a interposição de embargos de divergência pode verificar-se na aplicação do direito material ou do direito processual.

§ 3º Cabem embargos de divergência quando o acórdão paradigma for da mesma turma que proferiu a decisão embargada, desde que sua composição tenha sofrido alteração em mais da metade de seus membros.

§ 4º O recorrente provará a divergência com certidão, cópia ou citação de repositório oficial ou credenciado de jurisprudência, inclusive em mídia eletrônica, onde foi publicado o acórdão divergente, ou com a reprodução de julgado disponível na rede mundial de computadores, indicando a respectiva fonte, e mencionará as circunstâncias que identificam ou assemelham os casos confrontados.

Art. 1.044. No recurso de embargos de divergência, será observado o procedimento estabelecido no regimento interno do respectivo tribunal superior.

§ 1º A interposição de embargos de divergência no Superior Tribunal de Justiça interrompe o prazo para interposição de recurso extraordinário por qualquer das partes.

§ 2º Se os embargos de divergência forem desprovidos ou não alterarem a conclusão do julgamento anterior, o recurso extraordinário interposto pela outra parte antes da publicação do julgamento dos embargos de divergência será processado e julgado independentemente de ratificação.

Comentários:

Finalidade. O objetivo dos embargos de divergência é uniformizar o entendimento do tribunal (STF e STJ) acerca da matéria posta em causa, quando existir divergência entre seus órgãos fracionários. Por essa razão é que as turmas não podem julgá-los, sendo competentes para tanto os órgãos superiores do STF e do STJ: I – STF: *Plenário* (RISTF 336; II – STJ: a) *Corte Especial* (RISTJ 11 XIII), quando a divergência for entre Turmas de Seções diversas, ou entre Turma e outra Seção ou com a Corte Especial (RISTJ 266); b) *Seção* (RISTJ 12 par. ún. I), quando as Turmas divergirem entre si ou de decisão da mesma Seção (RISTJ 266). Por serem recurso, têm finalidade *corretiva*, isto é, objetivam uniformizar o entendimento do tribunal sobre a matéria e, ao mesmo tempo, aplicar esse novo entendimento ao caso concreto que ensejou sua interposição.

Cabimento dos EmbDiv. Os embargos cabem quando a Turma, no julgamento do RE ou REsp: a) divergir de outra Turma, Seção, Corte Especial ou Pleno; b) essa divergência for atual. Compete ao embargante demonstrar analiticamente a divergência entre a) o acórdão embargado (da Turma julgadora) e b) o acórdão paradigma (de outra Turma, Seção, Corte Especial ou Pleno). Essa divergência deverá ser demonstrada de acordo com o disposto no RISTF 330 e 331 e no RISTJ 255 §§ 1.º e 2.º (RISTJ 266 § 1.º).

Efeito translativo. Na primeira fase do julgamento dos RE, REsp e EmbDiv (*juízo de cassação*), não se aplica o efeito translativo dos recursos, isto é, o exame *ex officio* das questões de ordem pública não suscitadas pela parte. No entanto, esse efeito translativo se aplica à segunda fase do julgamento dos recursos excepcionais, inclusive dos EmbDiv, na medida em que o STF e o STJ, conhecendo e dando provimento aos recursos (*juízo* positivo *de cassação*), deverão julgar a causa e aplicar o direito à espécie (STF 456 e RISTJ 255 § 5.º), vale dizer, deverão proferir *juízo de revisão*. Julgar a causa e aplicar o direito à espécie é o mesmo que *redecidir* a causa, examinando tudo como se fora tribunal de apelação: reexaminando prova, examinando direito local (estadual e municipal) etc. **O impropriamente denominado *prequestionamento* – na verdade, *decisão* da causa** (CF 102 III e 105 III) – somente é exigido como requisito de admissibilidade, isto é, na primeira fase de julgamento do RE, REsp e EmbDiv, quando se examina se a instância ordinária proferiu decisão em desacordo com a CF ou a lei federal. Verificada a ofensa à CF ou à lei federal, o STF e o STJ *cassam* o acórdão, dando provimento ao recurso. Nesse momento, inicia-se a segunda fase (*juízo de revisão*), ocasião em que o tribunal superior deverá julgar a causa aplicando o direito à espécie, fase essa para a qual o tribunal se encontra totalmente livre para decidir. Por isso é que, nessa segunda fase (*juízo de revisão*) de julgamento do mérito da causa com aplicação do direito à espécie, incidem todos os institutos da teoria geral dos recursos, inclusive o efeito translativo dos recursos. Em suma: reconhecida a divergência – conhecidos e providos os EmbDiv, o tribunal fixará a tese por ele afirmada como a que deve prevalecer e a aplicará ao caso concreto (julgará a causa aplicando o direito à espécie). Este é o sentido da expressão "recebidos os embargos": receber quer dizer *dar provimento*.

Resultado do julgamento. Seu objetivo é uniformizar o entendimento do tribunal na matéria posta em causa e, ao mesmo tempo, corrigir a situação delineada no recurso e aplicar a tese jurídica nova ao caso concreto. Desde que conhecidos os embargos, sua extensão é total quanto à matéria deles objeto e às questões de ordem pública (efeito translativo). Reconhecida a divergência, o órgão superior do STF ou STJ procederá cronologicamente da seguinte forma: a) fixará a nova tese jurídica que, naquele tema, deverá prevalecer; b) poderá *cassar* o acórdão embargado e rejulgar a matéria nele discutida ou mantê-lo, caso entenda que a tese prevalecente não é a do interesse do embargante. Para a fixação da nova tese jurídica sobre matéria acerca da qual até então divergiam os órgãos fracionários do STF ou STJ, o tribunal poderá prestigiar um ou outro entendimento daqueles órgãos, ou ainda criar um novo entendimento com outros fundamentos. Por isso é que, nos EmbDiv, o tribunal, depois de afirmar a existência da divergência, *fixará a* nova *tese jurídica e a aplicará ao caso concreto*. É nisso que reside o comando previsto no CPC 1034, quando se refere a "aplicar o direito [à espécie]", porque os EmbDiv são uma espécie de *continuação* do julgamento do RE e do REsp. V., também, STF 456 e RISTJ 255 § 5.º.

Limites subjetivos do julgado. As decisões do STF e STJ em RE, REsp e, notadamente nos EmbDiv, têm duas eficácias subjetivas: a) quanto ao objeto litigioso, a lide fixada pelo recorrente, as decisões vinculam e obrigam somente as partes entre as quais foi proferida, não prejudicando terceiros (CPC 506); b) quanto à *tese jurídica* nelas fixada, as decisões fixam paradigmas para o futuro, que não vinculam nem obrigam terceiros, mas servem de parâmetro para juízes e tribunais decidirem, com implicação inclusive no juízo de admissibilidade de recurso (*v.g.*, CPC 932) ou de remessa necessária (v. CPC 496), e até no juízo de mérito de recurso (*v.g.*, CPC 932 IV e V).

Extensão. Recurso do acórdão embargado conhecido. Se a divergência localizar-se no *juízo de mérito* de RE ou REsp *provido* ou *desprovido*, é porque já terá sido ultrapassado o juízo de mérito. Isto quer dizer que o STF ou STJ já terá examinado e afirmado existirem os pressupostos constitucionais de admissibilidade do RE e REsp. Do contrário, o recurso excepcional não teria sido julgado pelo mérito (não teria sido conhecido). Por essa razão, nesta hipótese não se exige o prequestionamento para que sejam admissíveis os EmbDiv, porque sua existência já está pressuposta. Vale ressalvar que o CPC parece considerar como juízo de mérito a contraposição entre decisão de mérito e decisão de não conhecimento, desde que esta contenha apreciação da controvérsia.

Extensão. Recurso do acórdão embargado não conhecido. Se a divergência localizar-se no *juízo de admissibilidade* de RE ou REsp *não conhecido*, em tese caberia, pela redação original do CPC, aos embargos uniformizar o entendimento do tribunal sobre o tema e, ao mesmo tempo, aplicar a nova tese ao caso concreto. O embargante quer, naturalmente, que seja cassado o acórdão embargado, para que tese mais favorável a ele possa ser aplicada, e o RE ou REsp possa ser conhecido e julgado pelo mérito. Tendo em vista essa particularidade, compete a ele, embargante, demonstrar a existência dos pressupostos de admissibilidade do recurso excepcional (CF 102 III e 105 III), sem o que os EmbDiv podem ser conhecidos (afirmada a existência da divergência), mas improvidos, porque não se poderá julgar-lhe o mérito face a ausência de pressuposto constitucional de admissibilidade do RE ou do REsp.

Matérias que podem ser objeto de EmbDiv. Não há restrição na lei, nem no RISTF e RISTJ, de modo que tanto as matérias processuais quanto as de direito material podem ser objeto do juízo de mérito dos EmbDiv. Consequentemente, é irrelevante para o cabimento dos embargos que o RE ou REsp tenha sido conhecido ou não. Em qualquer caso, havendo a divergência, caberá o recurso.

Comprovação da divergência. A forma de comprovação da divergência que foi acolhida pelo atual CPC é idêntica àquela constante do RISTF e semelhante à que já era prevista pelo RISTJ. As disposições dos dois regimentos foram unificadas. De qualquer forma, é estritamente necessário que se proceda à indicação expressa da divergência, mediante a comparação dos dois acórdãos, sendo também necessário que se proceda à identificação fática ou demonstração de similitude de fatos, que justifica a comparação entre os dois arestos. É o que se convencionou chamar de *confronto* ou *cotejo analítico* entre o paradigma e o acórdão embargado.

Decisão monocrática como paradigma. Não é possível, pelo simples fato de a letra do CPC 1043 exigir *acórdão* como paradigma.

Demonstração da divergência. Referência à súmula. Insuficiência. "A simples indicação de uma súmula do STJ não é suficiente para caracterizar a divergência entre decisões do Tribunal sobre o mesmo assunto, devendo ser estabelecida entre o aresto hostilizado e os julgados que serviram de base à edição da súmula.

Vale dizer, para comprovar-se a divergência entre decisões, a parte tem de apresentar julgamentos opostos, não servindo a apresentação pura e simples de súmula" (STJ, Corte Especial, AgRgEmbDivREsp 327679-SP, rel. Min. Peçanha Martins, j. 27.3.2003).

Identidade de fato. Os EmbDiv pressupõem identidade de fato e solução normativa diferente. Buscam uniformizar a jurisprudência. Em não havendo contradição, porque diferentes os pressupostos fáticos, não há divergência jurídica (STJ, EmbDivREsp 39317-0, rel. Min. Vicente Cernicchiaro, j. 14.12.1995, DJU 11.3.1996, p. 6552).

Jurisprudência firme. STJ 168: *"Não cabem embargos de divergência, quando a jurisprudência do Tribunal se firmou no mesmo sentido do acórdão embargado"*.

Mesma Turma. Modificação da composição da Turma. Cabimento. São cabíveis os EmbDiv contra acórdão que, ao julgar RE ou REsp, divergir da *mesma* Turma, quando tiver havido mudança na composição desse órgão fracionário e notadamente a da maioria vitoriosa, de um para outro julgamento (RTJ 74/449).

Origem da tese. Os embargos de divergência visam a que o Superior Tribunal de Justiça, como órgão máximo da uniformização jurisprudencial nacional, não revele antinomias na apreciação das questões submetidas ao seu crivo, máxime teses de mérito, de regra aventadas em recurso especial, mercê de as mesmas poderem estar eclipsadas em causas de competência originária ou recursal, por isso que essa forma de impugnação uniformizante pode abarcar agravos regimentais de mérito, liquidações de sentenças, recursos ordinários constitucionais ou ações rescisórias com teses contrastantes.

Regimento interno. No STF, o processamento dos EmbDiv é estabelecido pelos RISTF 330 a 332 e 334 a 336. Já no STJ, a matéria é disciplinada pelo RISTJ 226.

STJ: Súmula 316: Cabem embargos de divergência contra acórdão que, em agravo regimental, decide recurso especial.

STF: Súmula 598: Nos embargos de divergência não servem como padrão de discordância os mesmos paradigmas invocados para demonstrá-la mas repelidos como não dissidentes no julgamento do recurso extraordinário.

Jurisprudência:

> "EMBARGOS DE DECLARAÇÃO NO AGRAVO REGIMENTAL NOS EMBARGOS DE DECLARAÇÃO NOS **EMBARGOS DE DIVERGÊNCIA EM AGRAVO EM RECURSO ESPECIAL**. VÍCIOS INEXISTENTES. MERA REDISCUSSÃO. **DISSENSO NÃO COMPROVADO. AUSÊNCIA DE SIMILITUDE FÁTICA.**
> 1. [*Omissis*].
> 2. [*Omissis*]. Os julgados confrontados assentam-se em **premissas fáticas evidentemente distintas** acerca da dinâmica dos fatos em fase de pronúncia.
> 3. Embargos de declaração rejeitados." (STJ, Terceira Seção, EDcl no AgRg nos EDcl nos EAREsp n. 359.271, DJe de 16/6/2023). (Grifou-se).

EMBARGOS INFRINGENTES E DE NULIDADE

Súmula 207 do STJ: "É inadmissível recurso especial quando cabíveis embargos infringentes contra o acórdão proferido no tribunal de origem."

Comentários:
A característica comum aos recursos constitucionais (extraordinário e especial) é o fato de somente serem cabíveis em havendo "causas decididas em única ou última instância", segundo a literalidade do inciso III dos arts. 102 e 105 da Constituição Federal.
Ora bem, caso ainda seja oponível recurso na instância ordinária, exsurge que a causa não fora decidida em "última instância", a inviabilizar o recurso excepcional.
Bem por isso, tendo ocorrido, por exemplo, **julgamento não unânime da apelação criminal** ajuizada pelo réu, havendo ao menos um voto favorável para o acusado, incide o disposto no Código de Processo Penal:

Art. 609. [*Omissis*].
Parágrafo único. Quando não for unânime a decisão de segunda instância, desfavorável ao réu, admitem-se embargos infringentes e de nulidade, que poderão ser opostos dentro de 10 (dez) dias, a contar da publicação de acórdão, na forma do art. 613. Se o desacordo for parcial, os embargos serão restritos à matéria objeto de divergência.
Destarte, antes de se ajuizar o recurso excepcional, imprescindível que se interponham embargos de infringência e de nulidade.
Somente esgotadas as instâncias ordinárias, é que será cabível então o competente recurso excepcional para os tribunais superiores.

Código de Processo Penal:
Art. 609. Os recursos, apelações e embargos serão julgados pelos Tribunais de Justiça, câmaras ou turmas criminais, de acordo com a competência estabelecida nas leis de organização judiciária.

Parágrafo único. Quando não for unânime a decisão de segunda instância, desfavorável ao réu, admitem-se embargos infringentes e de nulidade, que poderão ser opostos dentro de 10 (dez) dias, a contar da publicação de acórdão, na forma do art. 613. Se o desacordo for parcial, os embargos serão restritos à matéria objeto de divergência.

Art. 610. Nos recursos em sentido estrito, com exceção do de **habeas corpus**, e nas apelações interpostas das sentenças em processo de contravenção ou de crime a que a lei comine pena de detenção, os autos irão imediatamente com vista ao procurador-geral pelo prazo de cinco dias, e, em seguida, passarão, por igual prazo, ao relator, que pedirá designação de dia para o julgamento.

Parágrafo único. Anunciado o julgamento pelo presidente, e apregoadas as partes, com a presença destas ou à sua revelia, o relator fará a exposição do feito e, em seguida, o presidente concederá, pelo prazo de 10 (dez) minutos, a palavra aos advogados ou às partes que a solicitarem e ao procurador-geral, quando o requerer, por igual prazo.

Art. 612. Os recursos de **habeas corpus**, designado o relator, serão julgados na primeira sessão.

Art. 613. As apelações interpostas das sentenças proferidas em processos por crime a que a lei comine pena de reclusão, deverão ser processadas e julgadas pela forma estabelecida no Art. 610, com as seguintes modificações:

I - exarado o relatório nos autos, passarão estes ao revisor, que terá igual prazo para o exame do processo e pedirá designação de dia para o julgamento;

II - os prazos serão ampliados ao dobro;

III - o tempo para os debates será de um quarto de hora.

Art. 614. No caso de impossibilidade de observância de qualquer dos prazos marcados nos arts. 610 e 613, os motivos da demora serão declarados nos autos.

Art. 615. O tribunal decidirá por maioria de votos.

§ 1º Havendo empate de votos no julgamento de recursos, se o presidente do tribunal, câmara ou turma, não tiver tomado parte na votação, proferirá o voto de desempate; no caso contrário, prevalecerá a decisão mais favorável ao réu.

§ 2º O acórdão será apresentado à conferência na primeira sessão seguinte à do julgamento, ou no prazo de duas sessões, pelo juiz incumbido de lavrá-lo.

Art. 616. No julgamento das apelações poderá o tribunal, câmara ou turma proceder a novo interrogatório do acusado, reinquirir testemunhas ou determinar outras diligências.

Art. 617. O tribunal, câmara ou turma atenderá nas suas decisões ao disposto nos arts. 383, 386 e 387, no que for aplicável, não podendo, porém, ser agravada a pena, quando somente o réu houver apelado da sentença.

Art. 618. Os regimentos dos Tribunais de Apelação estabelecerão as normas complementares para o processo e julgamento dos recursos e apelações.

Conceito de embargos infringentes e de nulidade:
Trata-se de recurso privativo da defesa, voltado a garantir uma segunda análise da matéria decidida pela turma julgadora, por ter havido maioria de votos e não unanimidade, ampliando-se o *quorum* do julgamento. Assim, o recurso obriga que a câmara seja chamada a decidir por completo e não apenas com os votos dos magistrados que compuseram a turma julgadora. No Tribunal de Justiça, por exemplo, a câmara é composta por cinco desembargadores, participando da turma julgadora apenas três deles. Dessa forma, caso a decisão proferida contra os interesses do réu constituir-se de maioria (dois a um) de votos, cabe a interposição de embargos infringentes, chamando-se o restante da câmara ao julgamento. Pode ocorrer a manutenção da decisão, embora seja possível inverter o *quorum*, passando de "dois a um" para "três a dois". A segunda chance conferida ao acusado é salutar, uma vez que se trata de interesse individual, ligado à ampla defesa, com todos os recursos a ela inerentes. Na jurisprudência: TRF3: "Os embargos infringentes são cabíveis na esfera penal em caso de a decisão recorrida ser não unânime e desfavorável aos corréus. O requisito de que a decisão vergastada seja desfavorável ao polo embargante denota que o *decisum* deve dispor sobre o mérito da causa ou, ao menos, sobre aspectos diretamente ligados a direitos substantivos ou processuais da parte. A ideia de que haja uma 'posição favorável' ou um 'voto favorável' está ligada a decisões relativas:
a) a direitos materiais da parte, ou, b) a nulidades contidas no próprio julgamento a ser embargado, ou por ele mantidas, nulidades estas que também podem, em tese, ser impugnadas pela via do recurso previsto no art. 609, parágrafo único, do Código de Processo Penal (daí advindo a expressão embargos infringentes 'e de nulidade').
Nota-se, pois, que os embargos infringentes e de nulidade se caracterizam pela exigência de que estejam presentes, de forma clara, duas posições: uma prejudicial aos réus, e uma que lhes seja mais favorável. A posição prejudicial pode decidir questões relativas ao mérito ou a direitos processuais das partes" (Ap. 0008954-58.2004.4.03.6181, 4.ª S., rel. José Lunardelli, j. 21.01.2016).

Denominação do recurso:
Embora a aparência de se tratar de dois recursos – embargos *infringentes* e *de nulidade* – trata-se de somente um. A matéria em discussão pode ligar-se ao mérito propriamente dito, isto é, questão de direito material (infringentes), como pode estar vinculada a tema exclusivamente processual (de nulidade). Em outros termos, pode-se usar este recurso apenas para discutir matéria vinculada ao mérito (se culpado ou inocente o réu) ou somente em relação a eventual existência de nulidade ocorrida no processo. Porém, sempre quando houver voto vencido em favor do acusado.

Aplicabilidade do recurso:
Somente se dá em julgamento de apelação, recurso em sentido estrito e agravo em execução (este último, porque foi o recurso instituído pela Lei de Execução Penal em substituição ao recurso em sentido estrito, para as mesmas situações, sendo processado de idêntica maneira), admitindo-se de acórdãos proferidos pelo Tribunal e jamais por Turma Recursal – que tribunal não é.
Observe-se, no entanto, que é controversa a possibilidade de utilização dos embargos infringentes no agravo em execução, existindo posição que os limita ao contexto da apelação e do recurso em sentido estrito. Na jurisprudência: STJ: "1. É cabível a oposição de embargos infringentes à decisão não unânime proferida em sede de agravo em execução – inteligência do art. 609 do Código de Processo Penal" (HC 509.869 – SP, 6.ª T., rel. Nefi Cordeiro, j. 06.08.2019).

Voto favorável ao réu:
É preciso haver ao menos um, sendo que a análise cinge-se à sua conclusão e não à fundamentação. Por outro lado, ainda que exista condenação unânime, por parte da turma julgadora, mas um dos votos demonstra que, fosse ele acatado, a pena seria menor ou os benefícios penais mais extensos, cabe a interposição dos embargos.

Processamento:
Segue o procedimento do art. 613. Assim, não está prevista em lei a manifestação do embargado, embora certos Regimentos Internos de Tribunais contenham tal previsão, voltando-se particularmente ao assistente de acusação e ao querelante, pois o Ministério Público estaria representado pelo parecer da Procuradoria-Geral da Justiça.

Desacordo parcial e limitação ao conhecimento:
O voto vencido, inspirador da decisão não unânime, pode ter divergido frontal e integralmente dos demais, propiciando amplo conhecimento pela câmara ou turma ampliada a respeito da matéria julgada, bem como pode divergir somente em alguns aspectos, limitando, então, o recurso do réu ao tema objeto da controvérsia. Na jurisprudência: TJSP: "1. Embargos infringentes opostos com base no v. voto vencido, que no mérito dava parcial provimento ao agravo de execução penal para os fins de reduzir 1 (um) dia do total dos dias remidos, por força do art. 127 da Lei n. 7.210/84, v. votos vencedores que negaram provimento ao recurso defensivo. 2. O recurso de embargos infringentes, além de ser cabível contra Acórdãos proferidos por Tribunais de 2.º Grau, no julgamento de recursos de apelações, recursos em sentido estrito e agravo em execução, também exige que a decisão tenha sido desfavorável ao réu e seja resultante de votação não unânime pelos integrantes da Turma julgadora. Em outras palavras, é indispensável que tenha havido um voto favorável

à defesa, dentre os emitidos no julgamento pelo Tribunal. Assim, a divergência de votos, segundo entendimento pacífico na doutrina, pode ser quanto a uma questão 'preliminar' ao julgamento do recurso, por exemplo, aos pressupostos de admissibilidade ou ao próprio 'mérito' da impugnação, caso em que tanto poderá ser objeto do desacordo alguma matéria de direito processual (nulidade) ou de direito material (absolvição, dosimetria da pena). Logo, somente após o julgamento é que a discrepância na sua decisão servirá de delimitador para a oposição dos embargos infringentes, não se podendo perder de vista que, justamente em razão de sua peculiaridade, recurso interposto contra decisão não unânime de 2ª instância, nos termos do parágrafo único do art. 609 do Código de Processo Penal, é que o presente recurso não pode servir como um segundo recurso de apelação, devolvendo a matéria, novamente e em sua integralidade, para a 2ª instância. Deste modo, o interesse recursal, *in casu*, fica balizado sobre a existência, ou não, de voto favorável à defesa, a sua limitação recursal ficando estabilizada ao integral reexame da matéria decidida no julgamento que ensejou os embargos, quando a divergência for 'total', ou tão somente ao que ficou decidido sem unanimidade, se a divergência for 'parcial'. Embargos infringentes balizados, única e exclusivamente, no que tange à redução da quantidade de dias remidos, dada a prática de falta grave. 3. A perda de dias remidos é sanção que não contraria a ordem constitucional vigente, desde que decretada de forma motivada e à luz do princípio da proporcionalidade (Súmula Vinculante n. 9). A quantidade de dias remidos cuja perda deve ser decretada pelo Juiz de Direito da execução penal, ante a prática de falta grave do sentenciado, deve atentar para os critérios definidos no art. 57, *caput*, da Lei de Execução Penal, que confere ao magistrado considerável margem de discricionariedade motivada. Doutrina de Julio Fabbrini Mirabete e Renato N. Fabbrini. No caso concreto, a adoção da fração de 1/3 (um terço), adotada pela origem e mantida por esta 3ª Câmara de Direito Criminal, foi consentânea com as circunstâncias presentes, devendo ser mantida. 4. Embargos infringentes rejeitados." (EI e de Nulidade 0007559-71.2016.8.26.0996 – SP, 3ª Câmara de Direito Criminal, rel. Airton Vieira, 31.07.2018). TJSE: "1. No caso em tela, a análise do recurso ficou restrita a matéria objeto da divergência, nos termos do parágrafo único do art. 609 do Código de Processo Penal, qual seja, a aplicação ou não da causa de diminuição de pena prevista no § 4º da Lei n.º 11.343/2006, ante a existência de ação penal em andamento em face do embargante e ter sido condenado nesses autos por outro crime, sobre o qual não recorreu. 2. A pena aplicada pelo relator designado na decisão fustigada, em que pesem todos os argumentos lançados nos presentes embargos e no voto divergente, deve ser mantida, ante a não aplicação da causa de diminuição de pena, face a dedicação do embargante a atividade criminosa" (EI e de Nulidade 0026308-44.2016.8.25.0001 – SE, Tribunal Pleno, rel. Osório de Araújo Ramos Filho, 27.03.2018).

Legitimidade de interposição:
Admitindo-se que o recurso é voltado, exclusivamente, ao interesse da defesa, pode ser interposto pelo réu, diretamente, pelo seu defensor e também pela Procuradoria da Justiça, desde que atuando em favor do acusado.

Impossibilidade no caso de ação penal de competência originária:
Quando se tratar de ação penal de competência originária, em caso de recebimento de denúncia, ainda que por maioria de votos, não cabe embargos infringentes, pois é hipótese não prevista pelo Código de Processo Penal. Nesse prisma: TRF-3.ª Região: "Não se apresenta cabível o recurso de embargos infringentes, em matéria penal, contra decisões proferidas em ação penal de competência originária de Tribunal. Artigo 609, par. único, do Código de Processo Penal e artigo 259, do Regimento Interno desta Corte. Questão pacificada pela jurisprudência do Excelso Pretório e do Colendo Superior Tribunal de Justiça" (APN 220-2006.03.00.026541-0-SP, Órgão Especial, rel. Suzana Camargo, 24.02.2010).

Parecer do Ministério Público e contraditório:
Estabeleceu-se de forma praticamente unânime, na doutrina e na jurisprudência, que o Ministério Público, ao atuar em instância superior, quando não for o proponente da ação penal originária, participa do feito como *custos legis*. Por isso, o parecer emitido pelo Procurador de Justiça (ou Procurador da República, conforme o caso) é considerado uma manifestação imparcial, no sentido de *fiscalizar a correta aplicação da lei*.
Nega-se, assim, à defesa o direito de refutar as alegações contidas em referido parecer, ainda que lhe sejam totalmente desfavoráveis – e, como regra, de fato são.
Nesse sentido: STJ: "O parecer do Ministério Público ofertado em segundo grau de jurisdição, na qualidade de *custos legis* e não de parte (no caso, o previsto no art. 610 do CPP), não enseja contraditório. Portanto, a falta de manifestação da defesa a seu respeito não causa nulidade. Precedentes citados: HC 128.181 – SP, *DJe* 09.08.2010, e HC 127.630 – SP, *DJe* 28.09.2009" (HC 163.972 – MG, 6.ª T., rel. Maria Thereza de Assis Moura, 04.11.2010).
Entretanto, merece reavaliação tal postura, pois é sabido que o *custos legis* merece lugar onde litigam partes estranhas aos quadros do Ministério Público, instituição una e indivisível, atuante em defesa da sociedade. Tal situação ocorre na ação penal privada, quando querelante e querelado entram em conflito, tendo por base a aplicação da lei penal. Nada mais justo do que contar com o parecer do Ministério Público, fiscalizando a instrução. Entretanto, quando o Ministério Público atua como proponente da ação, já considerado *parte imparcial*, por ter

condições de se manifestar, a qualquer tempo, em favor do réu, não se compreende a atuação dúplice da instituição, por meio de diversos integrantes. Se o promotor apresentou recurso ou ofereceu contrarrazões ao apelo da defesa, a manifestação do Ministério Público, em sua face indivisível, já foi colhida. Aliás, convém frisar que o órgão ministerial pode concordar com as razões do apelo defensivo, ao oferecer a sua manifestação em contrarrazões. Assim sendo, já existe a parcela imbuída da correta aplicação da lei, atuando não somente como proponente da demanda penal, mas, concomitantemente, como fiscal da lei. O parecer do Ministério Público, em instância superior, como regra, acompanha a manifestação do representante da instituição de primeiro grau. Por vezes, fornece novos argumentos para proporcionar a mantença de sentença condenatória (ou outra decisão negativa ao réu), depondo contra os interesses do acusado. É certo que defendemos não haver necessidade de contraditório sobre avaliação de fatos, vale dizer, sobre interpretação de provas, porém, parece-nos demasiado o órgão acusatório duplamente representado frente ao Judiciário. Decerto, o foco não está concentrado no contraditório, mas na desigualdade das partes no processo e, com especial zelo, no tocante à ampla defesa.

A dúplice exposição das ideias do Ministério Público, em particular, quando coincidem em argumentos contra a defesa, expõe o desequilíbrio processual existente no Brasil. Deveria haver a oportunidade de contra-argumentação do defensor, quando lhe fosse conveniente, aos pontos defendidos pelo Ministério Público em seu parecer de 2.º grau (ou de instância superior). Somente assim estaria assegurada a defesa *ampla* e o real equilíbrio das partes no processo penal. Registremos, ainda, somente para argumentar, que, sendo o parecer favorável ao réu, pode a defesa simplesmente abster-se de manifestação. Entretanto, a posição benéfica ao acusado, pelo princípio da prevalência do interesse do réu, não macula o processo; o problema se encontra na dupla manifestação negativa em relação ao acusado. O mesmo procedimento se dá em sustentação oral. Soa-nos incompreensível que se manifeste, em primeiro lugar, a defesa; somente depois, o Procurador de Justiça (ou da República). Afinal, já houve apelo ou contrarrazões do Ministério Público de primeiro grau, seguindo-se o parecer da instituição em segundo grau. Sustentando oralmente a defesa, antes da Procuradoria de Justiça, será a *terceira* vez que o órgão acusatório – ainda que sob as vestes de *custos legis* – terá a oportunidade real e eficiente de expor argumentos contrários aos interesses da defesa. Em suma, quem *fecha* o ciclo do raciocínio é a acusação e não a defesa, numa estranha situação em que se sustenta a primazia da amplitude defensiva em relação ao âmbito acusatório. Pensamos ser momento de se analisar tal paradoxo.

Considerando-se de extremada importância o parecer do Ministério Público em instância superior, *ad argumentandum*, no mínimo, dever-se-ia garantir à defesa a faculdade de intervir, oferecendo contra-argumentação, quando a manifestação lhe for desfavorável. E deveria a defesa ser a última a falar, oralmente, diante a Corte Superior, antes de proferido o veredicto do colegiado.

Aplicação do art. 383:
Trata-se da hipótese de dar nova definição jurídica do fato, desde que a imputação formulada na denúncia comporte, bem como se encontre respaldo na prova dos autos. Assim, considerar determinado motivo, explicitamente constante da peça inicial e sobre o qual pôde manifestar-se o réu convenientemente, ao invés de fútil, torpe, é cabível. Não pode, no entanto, o tribunal aplicar pena mais grave, se somente o réu recorreu, tampouco pode fazer uso do art. 384, que seria o caminho viável para, aditando a denúncia, agravar a pena. Nessa linha, confira-se a Súmula 453 do STF: "Não se aplicam à segunda instância o art. 384 e parágrafo único [atuais §§ 1.º a 5.º] do Código de Processo Penal, que possibilitam dar nova definição jurídica ao fato delituoso, em virtude de circunstância elementar não contida, explícita ou implicitamente, na denúncia ou queixa".

Aplicação do art. 386:
São as hipóteses de absolvição, que devem reger a sentença de primeiro grau do juiz: a) estar provada a inexistência do fato; b) não haver prova da existência do fato; c) não constituir o fato infração penal; d) estar provado que o acusado não concorreu para a infração penal; e) não existir prova de ter o réu concorrido para a infração penal; f) existir circunstância excludente de ilicitude ou de culpabilidade; g) não existir prova suficiente para a condenação.

Aplicação do art. 387:
Deve o tribunal, se resolver condenar o réu, no caso de recurso apresentado pelo Ministério Público, fixar a pena de acordo com o preceituado no art. 387, ou seja, com os mesmos parâmetros do juiz de primeiro grau.
Necessita mencionar as circunstâncias agravantes e atenuantes existentes, as demais circunstâncias levadas em conta para a aplicação da pena, como estabelecido nos arts. 59 e 60, bem como as causas de aumento e diminuição. Fixará os benefícios cabíveis – como a suspensão condicional da pena ou a substituição da pena privativa de liberdade por restritivas de direitos ou multa – bem como determinará a publicação.

Fundamentação do acórdão:
Todas as decisões do Poder Judiciário serão fundamentadas (art. 93, IX, CF), o que, por evidente, não inclui apenas as proferidas pelo juiz de primeiro grau. Os acórdãos, emanados dos tribunais, sob a responsabilidade de um relator, também precisam de motivação. Cuida-se de preceito constitucional essencial, com o fim de conferir legitimidade aos órgãos do Judiciário, que não são diretamente eleitos pelo povo, mas

cujas decisões devidamente fundamentadas devem espelhar a lei vigente. Não se há de admitir a reforma às decisões de primeira instância sem a indispensável motivação. Em qualquer prisma, há de ser constituído por fundamentos lógicos o acórdão. Nesse ponto, imaginando-se a reforma de sentença absolutória, para a fixação da pena, necessita-se percorrer o mesmo sistema imposto ao juiz, vale dizer, os três estágios previstos no art. 68 do Código Penal. De outra parte, se for o caso de reduzir a pena aplicada pelo magistrado, deve o acórdão trazer motivos suficientes para desacreditar a sanção anteriormente fixada, reduzindo-a sob termos e critérios legais. Não impera a discricionariedade no âmbito recursal superior. Os tribunais não são órgãos imunes à motivação das decisões e ao controle de seus atos e julgamentos, que se farão, como regra, publicamente. Por isso, em caso de carência de fundamentação, ocorre nulidade do acórdão, a ser reconhecida por tribunal superior, ou, sendo o caso, pelo mesmo tribunal, em embargos de declaração ou mesmo em ação revisional ou *habeas corpus*.

Sabe-se que o acórdão substitui a sentença e será a peça a ser executada em caso de condenação. Por isso, não pode conter um trecho em branco, com mera referência à decisão de primeiro grau, pouco importando se é para confirmá-la ou não. Noutros termos, o acórdão será conhecido como peça autônoma, a partir do momento em que for publicado, devendo ser integralmente compreendido pelo seu próprio teor. Se o relator fizer referência à sentença de primeiro grau, limitando-se a ratificar os seus fundamentos, não se saberá ao certo o motivo correto da condenação ou da absolvição, quando mantida a decisão de instância inferior. No mínimo, se houver concordância com os argumentos utilizados pelo juiz de primeiro grau, devem eles ser reproduzidos totalmente no acórdão, prescindindo-se da sentença para a exata compreensão do decidido pelo órgão colegiado. Do contrário, haverá deficiência de motivação, gerando nulidade absoluta da peça do tribunal, pouco importando o que menciona o Regimento Interno, que não pode superar o disposto em lei, nem mesmo pela Constituição Federal. Ao menos no âmbito processual penal, em que se lida diretamente com direitos e garantias humanas fundamentais, é exigível a motivação de todas as decisões jurisdicionais.

***Reformatio in pejus* e nulidade absoluta:**

Ainda que haja nulidade absoluta, sem recurso da acusação e existindo somente recurso do réu, não se admite o seu reconhecimento. Nesse sentido, está em vigor a Súmula 160 do Supremo Tribunal Federal: "É nula a decisão do Tribunal que acolhe, contra o réu, nulidade não arguida no recurso da acusação, ressalvados os casos de recurso de ofício".

Jurisprudência:

"**EMBARGOS INFRINGENTES**. FURTO SIMPLES TENTADO (CP, ART. 155, CAPUT, C/C ART. 14, II). CONDENAÇÃO MANTIDA. **DIVERGÊNCIA RELATIVA À MANUTENÇÃO DO AUMENTO APLICADO PELA AGRAVANTE DA REINCIDÊNCIA QUANDO DA MIGRAÇÃO DA VALORAÇÃO DA CONDENAÇÃO ANTERIOR COMO ANTECEDENTES CRIMINAIS. VOTO DIVERGENTE QUE REDUZIA A REPRIMENDA, DESPREZANDO A EXASPERAÇÃO APLICADA NA SEGUNDA FASE DA DOSIMETRIA.** [*Omissis*]. **FRAÇÃO DE AUMENTO PELA VALORAÇÃO DOS ANTECEDENTES CRIMINAIS. PRETENDIDA A MINORAÇÃO. MATÉRIA NÃO OBJETO DE DIVERGÊNCIA. IMPOSSIBILIDADE DE CONHECIMENTO EM SEDE DE EMBARGOS INFRINGENTES, QUE FICA ADSTRITO À MATÉRIA NÃO UNÂNIME (CPP, ART. 609, § ÚNICO).** [*Omissis*]. EMBARGOS PARCIALMENTE CONHECIDOS E REJEITADOS." (TJSC, Segundo Grupo de Direito Criminal, EI n. 00097621220198240008, data de julgamento: 31/5/2023). (Grifou-se).

PRINCÍPIOS E REGRAS PROCESSUAIS DO RE E DO RESP

Código de Processo Civil:

Art. 927. Os juízes e os tribunais observarão:

I - as decisões do Supremo Tribunal Federal em controle concentrado de constitucionalidade;

II - os enunciados de súmula vinculante;

III - os acórdãos em incidente de assunção de competência ou de resolução de demandas repetitivas e em julgamento de recursos extraordinário e especial repetitivos;

IV - os enunciados das súmulas do Supremo Tribunal Federal em matéria constitucional e do Superior Tribunal de Justiça em matéria infraconstitucional;

V - a orientação do plenário ou do órgão especial aos quais estiverem vinculados.

Art. 928. Para os fins deste Código, considera-se julgamento de casos repetitivos a decisão proferida em:

I - incidente de resolução de demandas repetitivas;

II - recursos especial e extraordinário repetitivos.

Art. 932. Incumbe ao relator:

III - não conhecer de recurso inadmissível, prejudicado ou que não tenha impugnado especificamente os fundamentos da decisão recorrida.

Comentários:

Precedente. Identidade de causas. Desnecessidade para que possa ser aplicado. Jornada I DirProcCiv STJ 59: "*Não é exigível identidade absoluta entre casos para a aplicação de um precedente, seja ele vinculante ou não, bastando que ambos possam compartilhar os mesmos fundamentos determinantes*".

Juízo de admissibilidade. Ao relator, na função de juiz preparador de todo e qualquer recurso do sistema processual civil brasileiro, compete o juízo de admissibilidade do recurso. Deve verificar se estão presentes os pressupostos de admissibilidade (cabimento, legitimidade recursal, interesse recursal, tempestividade, preparo (quando exigível), regularidade formal e inexistência de fato impeditivo ou extintivo do poder de recorrer). Trata-se de matéria de ordem pública, cabendo ao relator examiná-la de ofício.

Juízo negativo. Indeferindo o recurso, o relator profere decisão interlocutória, que desafia o recurso de agravo previsto no CPC 1021, dirigido ao órgão colegiado competente para o julgamento do recurso cujo processamento foi indeferido, de acordo com o regimento interno de cada tribunal.

No caso de inadmissão de RE ou REsp, cabe o agravo do CPC 1042 (prazo: 15 dias corridos). Ambos os agravos devem ser interpostos simultaneamente, em caso de negativa de seguimento e de inadmissão do recurso excepcional, respectivamente.

Recurso prejudicado. É aquele que perdeu seu objeto. Ocorrendo a perda do objeto, há falta superveniente de interesse recursal, impondo-se o não conhecimento do recurso por ausência de requisito de admissibilidade. Assim, ao relator cabe julgar inadmissível o recurso por falta de interesse, ou seja, julgá-lo prejudicado.

Recurso que não ataca especificamente os fundamentos da decisão recorrida. É aquele no qual a parte discute a decisão recorrida de forma vaga, imprecisa, ou se limita a repetir argumentos já exarados em outras fases do processo, sem que haja direcionamento da argumentação para o que consta da decisão recorrida, o que acarreta o não conhecimento do recurso.

Súmula 83/STJ: "Não se conhece do recurso especial pela divergência, quando a orientação do Tribunal se firmou no mesmo sentido da decisão recorrida". Salienta-se que, apesar de tal enunciado sumular se referir ao recurso excepcional interposto com base na ocorrência de divergência jurisprudencial, ele também se aplica ao caso previsto no art. 105, inciso III, alínea "a", da Constituição Federal, o que fulmina a argumentação do recorrente, caso o acórdão vergastado ache-se em plena consonância com a jurisprudência do colendo Superior Tribunal de Justiça.

Poderes do relator. Julgamento do mérito do recurso. STJ 568: "*O relator, monocraticamente e no Superior Tribunal de Justiça, poderá dar ou negar provimento ao recurso quando houver entendimento dominante acerca do tema*".

Suprimento de deficiência do recurso. O agravo regimental, que não comporta inovação de alegações, não se presta para suprir deficiências que impediram que o apelo ultrapassasse o juízo de admissibilidade, em razão da preclusão consumativa (STJ, 3.ª T., EmbDclAgRgAREsp 416778-DF, rel. Min. João Otávio de Noronha, j. 8.4.2014, DJUE 15.4.2014).

Código de Processo Civil:

Art. 994. São cabíveis os seguintes recursos:
III - agravo interno;
V - recurso ordinário;
VI - recurso especial;
VII - recurso extraordinário;
VIII - agravo em recurso especial ou extraordinário;
IX - embargos de divergência.

Comentários:

Princípios fundamentais dos recursos. Todo e qualquer recurso interposto com base no CPC deve obedecer aos princípios fundamentais que informam a teoria geral dos recursos: do duplo grau de jurisdição, da taxatividade, da singularidade, da fungibilidade e da proibição da *reformatio in peius*.

Taxatividade. O princípio da taxatividade decorre do CPC 994, que se utiliza da expressão "são cabíveis os *seguintes* recursos", de forma a indicar que a regra geral do sistema recursal brasileiro é a da taxatividade dos recursos. Isto quer significar que os recursos são enumerados pelo CPC e outras leis processuais em *numerus clausus*, vale dizer, em rol exaustivo. Somente são recursos os meios impugnativos assim denominados e regulados na lei processual.

Taxatividade. À luz do princípio da taxatividade, não é cabível agravo regimental contra manifestação do órgão colegiado, pois ausente a previsão legal a amparar o meio de impugnação ora utilizado (STJ, 1.ª T., AgRg AgRg AREsp 255065-BA, rel. Min. Benedito Gonçalves, j. 14.5.2013, DJUE 20.5.2013).

Singularidade. Pelo princípio da singularidade, para cada decisão judicial recorrível é cabível um único *tipo* de recurso, vedado à parte ou interessado interpor mais de um tipo de recurso contra a mesma decisão. O dogma da singularidade não impede que seja interposto mais de um recurso da mesma espécie contra a mesma decisão judicial. Assim, vencidos recíproca e parcialmente autor e réu, cada qual poderá interpor recurso de apelação contra a sentença, sem que isto constitua ofensa ao princípio da singularidade. Esta possibilidade também ocorre em caso de decisão que comporte negativa de seguimento e inadmissão de recurso excepcional (RE ou REsp).

Fungibilidade (conceito e aplicação). É o princípio pelo qual se permite a troca de um recurso por outro: o tribunal pode conhecer do recurso erroneamente interposto. A troca deve ser entendida e aplicada em seu sentido mais amplo, com todos os requisitos e circunstâncias do recurso efetivamente interposto, vale dizer, principalmente dentro do prazo legal mais extenso.

Fungibilidade (requisitos). Havendo dúvida objetiva sobre qual o recurso cabível contra determinado pronunciamento judicial e inexistindo erro grosseiro da parte na interposição do recurso errado, abre-se ensejo para a aplicação do princípio da fungibilidade. Por dúvida objetiva deve entender-se a divergência existente na doutrina e/ou jurisprudência sobre o recurso correto cabível contra determinado pronunciamento judicial. Existe o erro grosseiro na interposição do recurso quando a lei expressamente determinar qual a forma de impugnação da decisão e o recorrente, nada obstante, não observa o comando da lei.

Juízo de admissibilidade e juízo de mérito dos recursos. Num primeiro momento, o juiz ou tribunal examina se estão preenchidos os requisitos de admissibilidade do recurso e, se positivo esse juízo, poderá o órgão *ad quem* julgar o mérito do recurso. A estes fenômenos damos os nomes de *juízo de admissibilidade* e *juízo de mérito* dos recursos. Quando o tribunal *ad quem* profere juízo de admissibilidade no procedimento recursal, dizemos que ele *conheceu* ou *não conheceu* do recurso, conforme seja positivo ou negativo o juízo de admissibilidade. Uma vez conhecido o recurso, o tribunal competente proferirá o juízo de mérito, dando ou negando provimento ao recurso. Os efeitos devolutivo, translativo, expansivo e substitutivo dos recursos integram o *juízo de mérito* do recurso e só incidem se o recurso obtiver juízo positivo de admissibilidade, isto é, se for conhecido. O exame preliminar da admissibilidade do recurso fica a cargo do relator (CPC 932), no próprio tribunal *ad quem*, competente para julgar o *mérito* do recurso, exceção feita aos recursos excepcionais (RE e REsp), cuja admissibilidade preliminar continua a cargo do tribunal *a quo*. Portanto, a admissibilidade preliminar do RE e do REsp é do tribunal *a quo*, isto é, o que proferiu a decisão da qual se pretende recorrer. Contudo, a *competência definitiva* para o juízo de admissibilidade de qualquer recurso é do tribunal *ad quem*. Caso o Presidente ou Vice-Presidente do TRF ou TJ negue seguimento ao RE/REsp com fundamento no CPC 1030 I ou julgue a questão do sobrestamento do recurso (CPC 1030 III), caberá agravo interno (CPC 1021) para o colegiado.

Juízo de admissibilidade: conteúdo. Compõe-se do exame e julgamento dos pressupostos ou requisitos de admissibilidade dos recursos: a) cabimento; b) legitimidade recursal; c) interesse recursal; d) tempestividade; e) regularidade formal; f) inexistência de fato impeditivo ou extintivo do poder de recorrer; g) preparo (quando exigível). Julgar a admissibilidade do recurso significa *conhecer* (juízo positivo) ou *não conhecer* (juízo negativo) do recurso. Julgar o mérito do recurso significa *prover* (acolher) ou *desprover* (rejeitar) o recurso. Somente quando é julgado o mérito do recurso (prover ou desprover) é que ocorre o *efeito substitutivo*: a decisão do tribunal substitui a decisão recorrida (CPC 1008). Havendo dúvida quanto ao preenchimento ou não dos requisitos de admissibilidade, o tribunal deve conhecer do recurso. O não conhecimento deve ser proclamado quando for induvidosa a falta de um ou mais pressupostos de admissibilidade dos recursos. "Ao tribunal *ad quem* não é dado olvidar ou mesmo negligenciar a falta dos requisitos de admissibilidade do recurso aviado. Na ausência de qualquer um deles, é *vedado* ao tribunal examinar o mérito recursal. Assim como também o é, ao magistrado de primeiro grau, resolver o mérito da lide se ausente qualquer uma das condições da ação. Trata-se de regra imperativa de julgamento. A norma aqui é cogente. Mais do que isso, a matéria relativa ao juízo de admissibilidade é cogente, não estando, pois, sujeita à preclusão".

Requisitos de admissibilidade: cabimento. O pressuposto do *cabimento* é preenchido se o recorrente interpuser qualquer dos recursos previstos no CPC 994 (como o agravo interno, os embargos de declaração, o recurso ordinário, o recurso especial, o recurso extraordinário, o agravo em RE/REsp e os embargos de divergência em RE e em REsp). Não há previsão para o pedido de reconsideração, que, se interposto não suspende nem interrompe o prazo para a interposição do recurso adequado, nem é cabível a correição parcial. A remessa necessária (CPC 496) não é recurso, mas condição de eficácia da sentença. A reclamação (CPC 988) não é recurso, mas incidente processual destinado a preservar a autoridade do tribunal e sua competência.

Requisitos de admissibilidade: interesse em recorrer. Consubstancia-se na necessidade que tem o recorrente de obter a anulação ou reforma da decisão que lhe for desfavorável. É preciso, portanto, que tenha sucumbido, entendida a sucumbência aqui como a não obtenção, pelo recorrente, de tudo o que poderia ter obtido do processo. Assim, ainda que tenha se saído vencedor na demanda, pode ter sucumbido e, consequentemente, ter interesse em recorrer.

Fundamentos da decisão. Não há interesse em recorrer apenas contra os fundamentos da decisão (JTACivSP 108/323). No mesmo sentido: JTACivSP 103/39, 97/207; RP 22/235; RTFR 120/135, 114/1, 113/39. "A simples rejeição dos argumentos desenvolvidos pela parte não lhe outorga interesse para recorrer. É necessário que o dispositivo da decisão seja parcial ou totalmente contrário ao recorrente. Ressalva-se a hipótese de recurso adesivo" (STJ, 1.ª T., REsp 72708-SP, rel. Min. Gomes de Barros, j. 13.12.1995, DJU 4.3.1996, p. 5372).

Interesse em recorrer. Pedidos alternativos. Havendo sido formulados pedidos alternativos [CPC 325], acolhido um deles, o autor não tem interesse recursal para pleitear a concessão do outro (STJ, 1.ª T., ROMS 3262-RJ, rel. Min. Milton Luiz Pereira, j. 14.12.1994, v.u., DJU 20.3.1995, p. 6093; BolAASP 1896/42e).

MP. Pronunciamento anterior de outro membro do MP. Tendo em vista a independência funcional de que goza o membro do MP, não está vinculado à manifestação anterior de seu colega, podendo interpor recurso, se com ela não estiver de acordo (RJTJSP 96/189).

Requisitos de admissibilidade: tempestividade (prazo). Os recursos devem ser interpostos no prazo que a lei assinar para tanto, a fim de que não se perpetuem as demandas judiciais indefinidamente.

Requisitos de admissibilidade: regularidade formal. A *regularidade formal* é também requisito de admissibilidade dos recursos. Devem todos eles ser interpostos por petição perante o juízo *a quo*, acompanhada das razões do inconformismo e do pedido de nova decisão, sem o que o recurso não pode ser conhecido. No caso dos recursos extraordinário e especial, além dos requisitos formais já enumerados, devem obedecer às regras formais do CPC 1029 e do RISTJ 255, este último válido somente para o recurso especial. Não pode ser conhecido, por infringência ao pressuposto da regularidade formal, o recurso interposto genericamente, sem as razões do inconformismo, ou por simples cota nos autos.
Requisitos de admissibilidade: inexistência de fato impeditivo ou extintivo do poder de recorrer. Os fatos extintivos do poder de recorrer são a *renúncia* ao recurso e a *aquiescência* à decisão. Os impeditivos do mesmo poder são a *desistência* do recurso ou da ação, o reconhecimento jurídico do pedido e a renúncia ao direito sobre o qual se funda a ação. Do ponto de vista prático, ocorrendo qualquer deles, o recurso não poderá ser conhecido, razão por que os denominamos de pressupostos negativos de admissibilidade dos recursos.

Efeitos dos recursos. Além dos efeitos *devolutivo* e *suspensivo*, identificados pela doutrina tradicional, que leva em conta apenas a interposição do recurso e suas consequências quanto à decisão recorrida, existem outros fenômenos relacionados com: a) a eficácia da decisão recorrida; b) com o julgamento do próprio recurso, que são efeitos dos recursos e não se enquadram naquela dicotomia clássica. São eles os efeitos *expansivo*, *translativo* e *substitutivo* dos recursos.

Efeito translativo. Dá-se o efeito translativo quando o sistema autoriza o tribunal a julgar fora do que consta das razões ou contrarrazões do recurso, ocasião em que não se pode falar em julgamento *ultra*, *extra* ou *infra petita*. Isto ocorre normalmente com as questões de *ordem pública*, que devem ser conhecidas de ofício pelo juiz e a cujo respeito não se opera a preclusão. Há o efeito translativo no agravo em RE/REsp (CPC 1042), quanto à matéria preliminar da *repercussão geral* (CF 102 § 3.º), pressuposto especial de admissibilidade do RE que se caracteriza como questão de ordem pública, como de resto o são todas as matérias que compõem o juízo de admissibilidade dos recursos. Por isso é que compete ao STF, ao julgar o Ag, examinar *ex officio* a existência ou não da repercussão geral.

Efeito translativo do recurso. Recurso excepcional (RE, REsp). Quando os tribunais superiores (STF, STJ) estiverem no exercício de sua competência recursal extraordinária (*v.g.*, CF 102 III e 105 III), não basta o conhecimento do recurso para que possam aplicar o efeito translativo dos recursos. É imprescindível que, primeiro, *cassem* a decisão recorrida para, depois, em sua função revisora, aplicando o direito à espécie (CPC 1034, STF 456 e RISTJ 255 § 5.º), examinar pela primeira vez matérias de ordem pública. Isto porque os recursos excepcionais têm duas fases (cassação e revisão), sendo que, para a primeira delas (cassação), a CF estabelece o requisito de que a questão posta tenha sido *efetivamente decidida*, sem o quê não caberá o recurso. Como para essa fase a fundamentação e o objeto do recurso são *vinculados*, não se pode aplicar o CPC 485 § 3.º, que, como é curial, cede diante da exigência da CF 102 III e 105 III. Por isso é que, somente depois de cassada a decisão recorrida, isto é, de *reexaminada* a questão já anteriormente decidida é que poderá o tribunal, por incidência do efeito translativo do recurso, *examinar* as questões de ordem pública pela primeira vez.

Fungibilidade. RE e REsp. Erro grosseiro. A interposição de RE com fundamento em matéria infraconstitucional [*rectius*: federal], própria do REsp, impede a aplicação do princípio da fungibilidade, porque constitui erro grosseiro. Recurso não conhecido (JSTF 179/69).

Perda do objeto. Quando o recurso perde seu objeto, há carência superveniente de interesse recursal. Em consequência, o recurso não pode ser conhecido, devendo ser julgado prejudicado (JSTJ 53/223).

Recursos de estrito direito. Os recursos de estrito direito são espécie de recurso, na qual se inserem os recursos especial e extraordinário (*stricto sensu*), bem como os embargos de divergência em recurso especial e em recurso extraordinário. Analisam-se, no julgamento desta espécie de recurso, aspectos exclusivamente jurídicos da decisão impugnada, ou seja, questões exclusivamente de direito – *quæstiones iuris*, haja vista seu objetivo dizer respeito à observância e correta aplicação do ordenamento jurídico. Bem por isso: **STJ, 7**: "A pretensão de simples reexame de prova não enseja recurso especial". **STF, 279**: "Para simples reexame de prova não cabe recurso extraordinário".

CÓDIGO DE PROCESSO PENAL: RESP E RE

Código de Processo Penal:

Art. 3º A lei processual penal admitirá interpretação extensiva e aplicação analógica, bem como o suplemento dos princípios gerais de direito.

Comentários:

Analogia é um processo de integração do direito, utilizado para suprir lacunas. Aplica-se uma norma existente para uma determinada situação a um caso concreto semelhante, para o qual não há qualquer previsão legal. Ensina Carlos Maximiliano que a analogia, "no sentido primitivo, tradicional, oriundo da Matemática, é uma semelhança de relações. (...) Passar, por inferência, de um assunto a outro de espécie diversa é raciocinar por analogia. Esta se baseia na presunção de que duas coisas que têm entre si um certo número de pontos de semelhança possam consequentemente assemelhar-se quanto a um outro mais. Se entre a hipótese conhecida e a nova a semelhança se encontra em circunstância que se deve reconhecer como *essencial*, isto é, como aquela da qual dependem todas as consequências merecedoras de apreço na questão discutida; ou, por outra, se a circunstância comum aos dois casos, com as consequências que da mesma decorrem, é a causa *principal* de todos os efeitos; o argumento adquire a força de uma indução rigorosa" (*Hermenêutica e aplicação do direito*, p. 253).

Art. 41. A denúncia ou queixa conterá a exposição do fato criminoso, com todas as suas circunstâncias, a qualificação do acusado ou esclarecimentos pelos quais se possa identificá-lo, a classificação do crime e, quando necessário, o rol das testemunhas.

Comentários:

Denúncia é a petição inicial, contendo a acusação formulada pelo Ministério Público, contra o agente do fato criminoso, nas ações penais públicas.

Embora a peça acusatória deva ser concisa, todos os fatos devem ser bem descritos, em detalhes, sob pena de cerceamento de defesa. Nessa ótica: STF: "Não se revela inepta a denúncia que, observados os requisitos do artigo 41 do Código de Processo Penal, narra, de forma precisa e individualizada, as condutas atribuídas e delimita o conteúdo da acusação veiculada" (HC 144234, 1.ª T., rel. Marco Aurélio, j. 12.03.2019). STJ: "I – Na hipótese, não se vislumbra a alegada inépcia da denúncia, porquanto a exordial acusatória preenche os requisitos exigidos pelo art. 41 do CPP, permitindo a compreensão dos fatos e possibilitando o amplo exercício do direito de defesa. III – A propositura da ação penal exige tão somente a presença de indícios mínimos e suficientes de autoria. A certeza será comprovada ou afastada durante a instrução probatória, prevalecendo, na fase de oferecimento da denúncia, o princípio do *in dubio pro societate*. IV – Existindo elementos probatórios mínimos a embasar a imputação quanto aos crimes de lavagem de capitais, não há que se falar em falta de justa causa para a ação penal. Há descrição satisfatória da conduta que é imputada aos recorrentes, eis que teriam recebido no Brasil valores oriundos da Dinamarca, obtidos de maneira ilícita, por meio de crimes graves por lá cometidos. Recurso ordinário desprovido" (RHC 98769 – DF, 5.ª T., rel. Felix Fischer, 16.08.2018).

Art. 155. O juiz formará sua convicção pela livre apreciação da prova produzida em contraditório judicial, não podendo fundamentar sua decisão exclusivamente nos elementos informativos colhidos na investigação, ressalvadas as provas cautelares, não repetíveis e antecipadas.

Comentários:

Encontro fortuito de provas: é admissível a prova coletada por meio indireto, desde que lícita a sua fonte. Ilustrando, a partir de uma interceptação telefônica, judicialmente autorizada, para apurar um delito de tráfico de drogas, captam-se dados referentes a um homicídio. Essas provas são válidas. Sob outro aspecto, cumprindo um mandado de busca e apreensão para um crime de receptação, termina-se por descobrir provas relativas a um estupro de vulnerável. Legitimam-se essas provas. Afinal, a fonte é lícita. Esse encontro fortuito de provas denomina-se *serendipidade*. Conferir: STF: "A prova encontrada, fortuitamente, durante a investigação criminal é válida, salvo se comprovado vício ensejador de sua nulidade" (Inq 3732, 2.ª T., rel. Cármen Lúcia, j. 08.03.2016). STJ: "Configurada a hipótese de encontro fortuito de provas, decorrente de medida de interceptação telefônica judicialmente autorizada, não há irregularidade na investigação levada a efeito para identificar novas pessoas acidentalmente reveladas pela prova, notadamente quando se trata de investigação relacionada a membros de uma organização criminosa com várias ramificações, responsáveis pela prática de vários delitos em diversos setores" (RHC 70.123 – SP, 6.ª T., rel. Nefi Cordeiro, 01.09.2016); "A jurisprudência consolidou o entendimento pela possibilidade da utilização de prova obtida a partir da interceptação telefônica judicialmente autorizada para pessoas ou crimes diversos daquele originalmente perseguido, de modo que não existe ilicitude na respectiva apuração" (AgRg no REsp 1174858 – SP, 6.ª T., rel. Rogerio Schietti Cruz, 10.03.2016).

Art. 156. A prova da alegação incumbirá a quem a fizer, sendo, porém, facultado ao juiz de ofício:

I – ordenar, mesmo antes de iniciada a ação penal, a produção antecipada de provas consideradas urgentes e relevantes, observando a necessidade, adequação e proporcionalidade da medida;

II – determinar, no curso da instrução, ou antes de proferir sentença, a realização de diligências para dirimir dúvida sobre ponto relevante.

Comentários:

STJ: "É, também, entendimento consolidado neste Superior Tribunal de Justiça que, havendo acervo probatório conclusivo acerca da materialidade e da autoria do crime de receptação, uma vez que apreendida a *res furtiva* em poder do réu, caberia à defesa apresentar prova acerca da origem lícita do bem ou de sua conduta culposa, nos termos do disposto no art. 156 do Código de Processo Penal. (...)" (HC 360.590 – SC, 5.ª T., rel. Ribeiro Dantas, 07.03.2017).

Art. 157. São inadmissíveis, devendo ser desentranhadas do processo, as provas ilícitas, assim entendidas as obtidas em violação a normas constitucionais ou legais.

§ 1º São também inadmissíveis as provas derivadas das ilícitas, salvo quando não evidenciado o nexo de causalidade entre umas e outras, ou quando as derivadas puderem ser obtidas por uma fonte independente das primeiras.

§ 2º Considera-se fonte independente aquela que por si só, seguindo os trâmites típicos e de praxe, próprios da investigação ou instrução criminal, seria capaz de conduzir ao fato objeto da prova.

§ 5º O juiz que conhecer do conteúdo da prova declarada inadmissível não poderá proferir a sentença ou acórdão.

Comentários:

Fonte independente: também denominado de *critério da prova separada*, estabelece que a prova produzida com base em fator dissociado da ilicitude de prova anteriormente auferida deve ser validada. O importante em relação à prova advinda de fonte independente é a consideração de que, mesmo conectada, de algum modo, à prova ilícita, ela poderia ter sido conseguida de qualquer modo, fundada em bases lícitas. Na jurisprudência: TRF-1: "2. A teoria das fontes independentes, prevista nos §§ 1.º e 2.º do art. 157 do Código de Processo Penal, é aplicável nas hipóteses em que, por si só, seguindo os trâmites típicos e de praxe, próprios da investigação ou instrução criminal, é capaz de conduzir ao fato objeto da prova. 3. Provas obtidas pela Polícia Federal no celular de um dos acusados, sem autorização judicial para quebra do sigilo, consideradas ilegais e desentranhadas dos autos, não têm o condão de contaminar a ação penal, caso as fontes independentes sejam capazes de sustentar a acusação, por si sós. 4. Guia de Recolhimento da União – GRU referente a um concurso público, em nome de um dos réus, apreendida na residência do corréu líder da organização criminosa, além de diversas anotações também contendo o nome daquele réu, são fontes independentes e que certamente levariam a Polícia Federal a chegar neste acusado" (Ap. Crim. 0002792-19.2016.4.01.4100 – TRF1, 3.ª T., rel. Ney Bello, 26.06.2018).

Art. 239. Considera-se indício a circunstância conhecida e provada, que, tendo relação com o fato, autorize, por indução, concluir-se a existência de outra ou outras circunstâncias.

Comentários:

Conceito de indício: O indício é um fato secundário, conhecido e provado, que, tendo relação com o fato principal, autorize, por raciocínio indutivo-dedutivo, a conclusão da existência de outro fato secundário ou outra circunstância. É prova indireta, embora não tenha, por causa disso, menor valia. O único fator – e principal – a ser observado é que o indício, solitário nos autos, não tem força suficiente para levar a uma condenação, visto que esta não prescinde de segurança. Assim, valemo-nos, no contexto dos indícios, de um raciocínio indutivo, que é o conhecimento amplificado pela utilização da lógica para justificar a procedência da ação penal. A indução nos permite aumentar o campo do conhecimento, razão pela qual a existência de vários indícios torna possível formar um quadro de segurança compatível com o almejado pela verdade real, fundamentando uma condenação ou mesmo uma absolvição.

Indução: é o "raciocínio no qual de dados singulares ou parciais suficientemente enumerados se infere uma verdade universal", nas palavras de Jacques Maritain (A ordem dos conceitos – Lógica menor, p. 283).

Art. 413. O juiz, fundamentadamente, pronunciará o acusado, se convencido da materialidade do fato e da existência de indícios suficientes de autoria ou de participação.

§ 1º A fundamentação da pronúncia limitar-se-á à indicação da materialidade do fato e da existência de indícios suficientes de autoria ou de participação, devendo o juiz declarar o dispositivo legal em que julgar incurso o acusado e especificar as circunstâncias qualificadoras e as causas de aumento de pena.

ATENÇÃO!

Jurisprudência do STJ, a qual rechaçou o brocardo *in dubio pro societate*:

> "RECURSO ESPECIAL. HOMICÍDIO SIMPLES. DECISÃO DE PRONÚNCIA. *IN DUBIO PRO SOCIETATE.* NÃO APLICAÇÃO. STANDARD PROBATÓRIO. ELEVADA PROBABILIDADE. NÃO ATINGIMENTO. AUSÊNCIA DE INDÍCIOS

SUFICIENTES DE AUTORIA OU PARTICIPAÇÃO. DESPRONÚNCIA. RECURSO ESPECIAL PROVIDO.
1. A Constituição Federal determinou ao Tribunal do Júri a competência para julgar os crimes dolosos contra a vida e os delitos a eles conexos, conferindo-lhe a soberania de seus vereditos.
Entretanto, a fim de reduzir o erro judiciário (art. 5º, LXXV, CF), seja para absolver, seja para condenar, exige-se uma prévia instrução, sob o crivo do contraditório e com a garantia da ampla defesa, perante o juiz togado, que encerra a primeira etapa do procedimento previsto no Código de Processo Penal, com a finalidade de submeter a julgamento no Tribunal do Júri somente os casos em que se verifiquem a comprovação da materialidade e a existência de indícios suficientes de autoria, nos termos do art. 413, caput e § 1º, do CPP.
2. Assim, tem essa fase inicial do procedimento bifásico do Tribunal do Júri o objetivo de avaliar a suficiência ou não de razões para levar o acusado ao seu juízo natural. O juízo da acusação (*judicium accusationis*) funciona como um importante filtro pelo qual devem passar somente as acusações fundadas, viáveis, plausíveis e idôneas a serem objeto de decisão pelo juízo da causa (judicium causae). A pronúncia consubstancia, dessa forma, um juízo de admissibilidade da acusação, razão pela qual o Juiz precisa estar "convencido da materialidade do fato e da existência de indícios suficientes de autoria ou de participação" (art. 413, caput, do CPP).
3. A leitura do referido dispositivo legal permite extrair dois standards probatórios distintos: um para a materialidade, outro para a autoria e a participação. Ao usar a expressão "convencido da materialidade", o legislador impôs, nesse ponto, a certeza de que o fato existiu; já em relação à autoria e à participação, esse convencimento diz respeito apenas à presença de indícios suficientes, não à sua demonstração plena, exame que competirá somente aos jurados.
4. A desnecessidade de prova cabal da autoria para a pronúncia levou parte da doutrina - acolhida durante tempo considerável pela jurisprudência - a defender a existência do *in dubio pro societate*, princípio que alegadamente se aplicaria a essa fase processual.
Todavia, o fato de não se exigir um juízo de certeza quanto à autoria nessa fase não significa legitimar a aplicação da máxima *in dubio pro societate* – que não tem amparo no ordenamento jurídico brasileiro – e admitir que toda e qualquer dúvida autorize uma pronúncia.

Aliás, o próprio nome do suposto princípio parte de premissa equivocada, uma vez que nenhuma sociedade democrática se favorece pela possível condenação duvidosa e injusta de inocentes.

5. O *in dubio pro societate*, "na verdade, não constitui princípio algum, tratando-se de critério que se mostra compatível com regimes de perfil autocrático que absurdamente preconizam, como acima referido, o primado da ideia de que todos são culpados até prova em contrário (!?!?), em absoluta desconformidade com a presunção de inocência [...]" (Voto do Ministro Celso de Mello no ARE n. 1.067.392/AC, Rel. Ministro Gilmar Mendes, 2ª T., DJe 2/7/2020). Não pode o juiz, na pronúncia, "lavar as mãos" – tal qual Pôncio Pilatos – e invocar o "in dubio pro societate" como escusa para eximir-se de sua responsabilidade de filtrar adequadamente a causa, submetendo ao Tribunal popular acusações não fundadas em indícios sólidos e robustos de autoria delitiva.

6. Não há falar que a negativa de aplicação do *in dubio pro societate* na pronúncia implicaria violação da soberania dos vereditos ou usurpação da competência dos jurados, a qual só se inaugura na segunda etapa do procedimento bifásico. Trata-se, apenas, de analisar os requisitos para a submissão do acusado ao tribunal popular sob o prisma dos standards probatórios, os quais representam, em breve síntese, "regras que determinam o grau de confirmação que uma hipótese deve ter, a partir das provas, para poder ser considerada provada para os fins de se adotar uma determinada decisão" (FERRER BELTRÁN, Jordi. Prueba sin convicción: estándares de prueba y debido proceso. Madrid: Marcial Pons, 2021, p. 24) ou, nas palavras de Gustavo Badaró, "critérios que estabelecem o grau de confirmação probatória necessário para que o julgador considere um enunciado fático como provado, sendo aceito como verdadeiro" (BADARÓ, Gustavo H. Epistemologia judiciária e prova penal. 2 ed., São Paulo: Thomson Reuters Brasil, 2023, p. 241).

7. Segundo Ferrer-Beltrán, "o grau de exigência probatória dos distintos standards de prova para distintas fases do procedimento deve seguir uma tendência ascendente" (op. cit., p. 102), isto é, progressiva, pois, como explica Caio Massena, "não seria razoável, a título de exemplo, para o recebimento da denúncia - antes, portanto, da própria instrução probatória, realizada em contraditório - exigir um standard de prova tão alto quanto aquele exigido para a condenação" (MASSENA, Caio Badaró. Prisão preventiva e

standards de prova: propostas para o processo penal brasileiro. Revista Brasileira de Direito Processual Penal, v. 7, n. 3, p. 1.631-1.668, set./dez. 2021).

8. Essa tendência geral ascendente e progressiva decorre, também, de uma importante função política dos standards probatórios, qual seja, a de distribuir os riscos de erro entre as partes (acusação e defesa), erros estes que podem ser tanto falsos positivos (considerar provada uma hipótese falsa, por exemplo: condenação de um inocente) quanto falsos negativos (considerar não provada uma hipótese verdadeira, por exemplo: absolvição de um culpado) (FERRER-BELTRÁN, op. cit., p. 115-137). Deveras, quanto mais embrionária a etapa da persecução penal e menos invasiva, restritiva e severa a medida ou decisão a ser adotada, mais tolerável é o risco de um eventual falso positivo (atingir um inocente) e, portanto, é mais atribuível à defesa suportar o risco desse erro; por outro lado, quanto mais se avança na persecução penal e mais invasiva, restritiva e severa se torna a medida ou decisão a ser adotada, menos tolerável é o risco de atingir um inocente e, portanto, é mais atribuível à acusação suportar o risco desse erro.

9. É preciso, assim, levar em conta a gravidade do erro que pode decorrer de cada tipo de decisão; ser alvo da abertura de uma investigação é menos grave para o indivíduo do que ter uma denúncia recebida contra si, o que, por sua vez, é menos grave do que ser pronunciado e, por fim, do que ser condenado. Como a pronúncia se situa na penúltima etapa (antes apenas da condenação) e se trata de medida consideravelmente danosa para o acusado - que será submetido a julgamento imotivado por jurados leigos -, o standard deve ser razoavelmente elevado e o risco de erro deve ser suportado mais pela acusação do que pela defesa, ainda que não se exija um juízo de total certeza para submeter o réu ao Tribunal do Júri.

10. Deve-se distinguir a dúvida que recai sobre a autoria - a qual, se existentes indícios suficientes contra o acusado, só será dirimida ao final pelos jurados, porque é deles a competência para o derradeiro juízo de fato da causa - da dúvida quanto à própria presença dos indícios suficientes de autoria (metadúvida, dúvida de segundo grau ou de segunda ordem), que deve ser resolvida em favor do réu pelo magistrado na fase de pronúncia. Vale dizer, também na pronúncia - ainda que com contornos em certa medida distintos - tem aplicação o in dubio pro reo, consectário do princípio da presunção de inocência, pedra angular do devido processo legal.

11. Assim, o standard probatório para a decisão de pronúncia, quanto à autoria e a participação, situa-se entre o da simples preponderância de provas incriminatórias sobre as absolutórias (mera probabilidade ou hipótese acusatória mais provável que a defensiva) - típico do recebimento da denúncia - e o da certeza além de qualquer dúvida razoável (BARD ou outro standard que se tenha por equivalente) – necessário somente para a condenação. Exige-se para a pronúncia, portanto, elevada probabilidade de que o réu seja autor ou partícipe do delito a ele imputado.
12. A adoção desse standard desponta como solução possível para conciliar os interesses em disputa dentro das balizas do ordenamento. Resguarda-se, assim, a função primordial de controle prévio da pronúncia sem invadir a competência dos jurados e sem permitir que o réu seja condenado pelo simples fato de a hipótese acusatória ser mais provável do que a sua negativa.
13. Na hipótese dos autos, segundo o policial Eduardo, no dia dos fatos, ele ouviu disparos de arma de fogo e, em seguida, uma moradora do bairro, onde ele também residia, bateu à sua porta e informou que os atiradores estavam em um veículo Siena de cor preta.
O policial, então, saiu com um colega de farda para acompanhar e abordar o veículo, o que foi feito. Na ocasião, estavam no carro o recorrente (condutor) e os corréus (passageiros). Em revista, foram encontradas armas de fogo com os corréus e, na delegacia, eles confessaram o crime e confirmaram a versão do recorrente de que ele havia sido apenas solicitado como motorista para levá-los até o local, esperar em uma farmácia por alguns minutos e trazê-los de volta, e não tinha relação com os fatos. Uma testemunha sigilosa e o irmão do recorrente foram ouvidos e afirmaram que ele trabalhava há cerca de cinco anos com transporte de passageiros.
14. Não há nenhum indício robusto de que o recorrente haja participado conscientemente do crime, porque: a) nenhum objeto ilícito foi apreendido com ele; b) nenhum elemento indicativo de que ele conhecesse ou tivesse relação com os corréus nem com a vítima foi apresentado; c) não consta que ele haja tentado empreender fuga dos policiais na condução do veículo quando determinada a sua abordagem d) os corréus negaram conhecer o acusado e afirmaram que ele era apenas motorista; e) as testemunhas de defesa confirmaram que o acusado trabalhava com transporte de passageiros. Ademais, a confirmar a fragilidade dos indícios existentes contra ele, o recorrente – ao contrário dos corréus – foi solto

na audiência de custódia e o Ministério Público inicialmente nem sequer ofereceu denúncia em seu desfavor porque entendeu que ainda não tinha elementos suficientes para tanto. Só depois da instrução e da pronúncia dos corréus é que, mesmo sem nenhuma prova nova, decidiu denunciá-lo quando instado pelo Magistrado a se manifestar sobre a situação do acusado.
15. Uma vez que não foi apontada a presença de indícios suficientes de participação do recorrente no delito que pudessem demonstrar, com elevada probabilidade, o seu envolvimento no crime, a despronúncia é medida de rigor.
16. Recurso especial provido para despronunciar o acusado. (REsp n. 2.091.647/DF, relator Ministro Rogério Schietti Cruz, Sexta Turma, julgado em 26/9/2023, DJe de 3/10/2023).

Art. 563. Nenhum ato será declarado nulo, se da nulidade não resultar prejuízo para a acusação ou para a defesa.

Comentários:

Princípio geral: no cenário das nulidades, atua o princípio geral de que, inexistindo prejuízo, não se proclama a nulidade do ato processual, embora produzido em desacordo com as formalidades legais (*pas de nullité sans grief*).

"1. A jurisprudência desta Corte é firme no sentido de que 'não se declara nulidade processual sem a prova de um efetivo, vistoso, prejuízo para a defesa. É que nenhum ato será declarado nulo, se da nulidade não resultar prejuízo para a acusação ou para a defesa (art. 563 do CPP). Nesse mesmo tom, é o conteúdo da Súmula 523 do STF, *in verbis*: No processo penal, a falta da defesa constitui nulidade absoluta, mas a sua deficiência só o anulará se houver prova de prejuízo para o réu' (HC 98.403, Rel. Min. Ayres Britto). 2. Agravo interno a que se nega provimento" (RE 971.305 AgR – SP, 1.ª T., rel. Roberto Barroso, 24.02.2017).

Art. 565. Nenhuma das partes poderá arguir nulidade a que haja dado causa, ou para que tenha concorrido, ou referente a formalidade cuja observância só à parte contrária interesse.

Comentários:

Interesse para o reconhecimento da nulidade: do mesmo modo que é exigido interesse para a prática de vários atos processuais, inclusive para o início da ação penal, exige-se tenha a parte prejudicada pela nulidade interesse no seu reconhecimento. Logo, não pode ser ela a geradora do defeito, plantado unicamente para servir a objetivos escusos. Por outro lado, ainda que não seja a causadora do vício processual, não cabe a uma parte invocar nulidade que somente beneficiaria a outra, mormente quando esta não se interessa em sua decretação.

Art. 566. Não será declarada a nulidade de ato processual que não houver influído na apuração da verdade substancial ou na decisão da causa.

Comentários:

Nulidade irrelevante: baseado no princípio geral, de que, sem prejuízo, não há que se falar em nulidade, é possível haver um ato processual praticado sem as formalidades legais que, no entanto, foi irrelevante para chegar-se à verdade real no caso julgado. Assim, preserva-se o praticado e mantém-se a regularidade do processo.

Art. 609. Os recursos, apelações e embargos serão julgados pelos Tribunais de Justiça, câmaras ou turmas criminais, de acordo com a competência estabelecida nas leis de organização judiciária.

Parágrafo único. Quando não for unânime a decisão de segunda instância, desfavorável ao réu, admitem-se embargos infringentes e de nulidade, que poderão ser opostos dentro de 10 (dez) dias, a contar da publicação de acórdão, na forma do art. 613. Se o desacordo for parcial, os embargos serão restritos à matéria objeto de divergência.

Comentários:

Denominação do recurso: embora a aparência de se tratar de dois recursos – embargos *infringentes* e *de nulidade* – trata-se de somente um. A matéria em discussão pode ligar-se ao mérito propriamente dito, isto é, questão de direito material (infringentes), como pode estar vinculada a tema exclusivamente processual (de nulidade). Em outros termos, pode-se usar este recurso apenas para discutir matéria vinculada ao mérito (se culpado ou inocente o réu) ou somente em relação a eventual existência de nulidade ocorrida no processo. Porém, sempre quando houver voto vencido em favor do acusado.

Aplicabilidade do recurso: somente se dá em julgamento de apelação, recurso em sentido estrito e agravo em execução (este último, porque foi o recurso instituído pela Lei de Execução Penal em substituição ao recurso em sentido estrito, para as mesmas situações, sendo processado de idêntica maneira), admitindo-se de acórdãos proferidos pelo Tribunal e jamais por Turma Recursal – que tribunal não é.

Na jurisprudência: STJ: "1. É cabível a oposição de embargos infringentes à decisão não unânime proferida em sede de agravo em execução – inteligência do art. 609 do Código de Processo Penal" (HC 509.869 – SP, 6.ª T., rel. Nefi Cordeiro, j. 06.08.2019).

Voto favorável ao réu: é preciso haver ao menos um, sendo que a análise cinge-se à sua conclusão e não à fundamentação. Por outro lado, ainda que exista condenação unânime, por parte da turma julgadora, mas um dos votos demonstra que, fosse ele acatado, a pena seria menor ou os benefícios penais mais extensos, cabe a interposição dos embargos.

Art. 619. Aos acórdãos proferidos pelos Tribunais de Apelação, câmaras ou turmas, poderão ser opostos embargos de declaração, no prazo de dois dias contados da sua publicação, quando houver na sentença ambiguidade, obscuridade, contradição ou omissão.

Comentários:

Ambiguidade: é o estado daquilo que possui duplo sentido, gerando equivocidade e incerteza, capaz de comprometer a segurança do afirmado. Assim, no julgado, significa a utilização, pelo magistrado, de termos com duplo sentido, que ora apresentam uma determinada orientação, ora seguem em caminho oposto, fazendo com que o leitor termine não entendendo qual o seu real conteúdo.

Obscuridade: é o estado daquilo que é difícil de entender, gerando confusão, no receptor da mensagem. No julgado, evidencia a utilização de frases e termos complexos e desconexos, impossibilitando ao leitor da decisão captar-lhe o sentido e o conteúdo.

Contradição: trata-se de uma incoerência entre uma afirmação anterior e outra posterior, referentes ao mesmo tema e no mesmo contexto, gerando a impossibilidade de compreensão do julgado. Logo, inexiste contradição, quando a decisão – sentença ou acórdão – está em desalinho com opiniões doutrinárias, outros acórdãos ou sentenças e mesmo com a prova dos autos. É preciso existir confronto entre afirmações interiores ao julgado.

Omissão: é a lacuna ou o esquecimento. No julgado, traduz-se pela falta de abordagem do magistrado acerca de alguma alegação ou requerimento formulado, expressamente, pela parte interessada, merecedor de apreciação.

Não caracterização da omissão: não se configura lacuna na decisão o fato de o juiz deixar de comentar argumento por argumento levantado pela parte, pois, no contexto geral do julgado, pode estar nítida a sua intenção de rechaçar todos eles.

Reavaliação das provas e dos fatos: impossibilidade. Os embargos de declaração não têm o caráter de reavaliação da valoração feita aos fatos, tampouco das provas. Trata-se de recurso exclusivo para situações excepcionais, quando há ambiguidade, obscuridade, contradição ou omissão. Assim: STF: "Não se revelam cabíveis os embargos de declaração quando a parte recorrente – a pretexto de esclarecer uma inexistente situação de obscuridade, omissão, contradição ou ambiguidade (CPP, art. 619, e RISTF, art. 337) – vem a utilizá-los com o objetivo de infringir o julgado e de, assim, viabilizar um indevido reexame da causa. Precedentes. Exercício abusivo do direito de recorrer. O abuso do direito de recorrer – por qualificar-se como prática incompatível com o postulado ético-jurídico da lealdade processual – constitui ato de litigância maliciosa repelido pelo ordenamento positivo, especialmente nos casos em que a parte interpõe recurso com intuito evidentemente protelatório" (ARE 1058426 AgR-ED-ED – DF, 2.ª T., rel. Celso de Mello, 07.08.2018).

Art. 798. Todos os prazos correrão em cartório e serão contínuos e peremptórios, não se interrompendo por férias, domingo ou dia feriado.

§ 1º Não se computará no prazo o dia do começo, incluindo-se, porém, o do vencimento.

§ 2º A terminação dos prazos será certificada nos autos pelo escrivão; será, porém, considerado findo o prazo, ainda que omitida aquela formalidade, se feita a prova do dia em que começou a correr.

§ 3º O prazo que terminar em domingo ou dia feriado considerar-se-á prorrogado até o dia útil imediato.

§ 4º Não correrão os prazos, se houver impedimento do juiz, força maior, ou obstáculo judicial oposto pela parte contrária.

§ 5º Salvo os casos expressos, os prazos correrão:

a) da intimação;

b) da audiência ou sessão em que for proferida a decisão, se a ela estiver presente a parte;

c) do dia em que a parte manifestar nos autos ciência inequívoca da sentença ou despacho.

Comentários:

STF: "1. O Supremo Tribunal Federal firmou entendimento no sentido de que a contagem do prazo processual penal é disciplinada por norma específica que dispõe sobre a matéria, no caso o artigo 798 do Código de Processo Penal, o que afasta a incidência do artigo 219 do Código de Processo Civil. Recurso extraordinário interposto fora do prazo legal" (ARE 1094746 AgR – MG, 1.ª T., 29.06.2018).

Art. 798-A. Suspende-se o curso do prazo processual nos dias compreendidos entre 20 de dezembro e 20 de janeiro, inclusive, salvo nos seguintes casos:

I - que envolvam réus presos, nos processos vinculados a essas prisões;

II - nos procedimentos regidos pela Lei nº 11.340, de 7 de agosto de 2006;

III - nas medidas consideradas urgentes, mediante despacho fundamentado do juízo competente.

Comentários:

Diante da regra clara do art. 798-A de suspender o curso dos prazos processuais, **os dias 20/12 a 20/01 devem ser desconsiderados da contagem de prazos do CPP**.

Contudo, **se o réu estiver preso em decorrência do processo em questão** ou **se o caso for regido pela Lei Federal n. 11.340/2006**, o prazo para interposição de recurso excepcional **não** se suspenderá. Logo, a petição deverá ser interposta em até 15 (quinze) dias corridos da data de publicação do acórdão recorrido, **sob pena de o recurso ser declarado intempestivo** e **não admitido**.

Jurisprudência:

"Constato, de plano, que a insurgência da parte não satisfaz o requisito extrínseco de tempestividade da espécie recursal. **A Defensoria Pública** foi intimada do acórdão de fls. 349-369, pelo portal eletrônico, em 24/11/2023 (sexta-feira), conforme certidão de fl. 380. Logo, em 27/11/2023 (segunda-feira), verifica-se o *dies a quo* do **prazo de 30 (trinta) dias** para o oferecimento de recurso especial; por seu turno, em 26/12/2023 (terça-feira), tem-se o *dies ad quem*. Com efeito, é essa a escorreita contagem do prazo recursal em tela, ao se aplicarem, conjuntamente, as regras do artigo 798, "caput" e § 1.º, e do artigo 798-A, inciso I, do Código de Processo Penal, bem assim do artigo 4.º, § 4.º, da Lei n. 11.419/2006. Em aplicação da disciplina legal acima transcrita, **o cômputo do prazo foi feito em dias corridos e sem suspensão entre 20 de dezembro e 20 de janeiro, conforme estatui o novel artigo 798-A do Código de Processo Penal, de incidência imediata nas ações em curso**. Dessa forma, tendo o recurso especial da parte sido protocolizado em 8/1/2024 (segunda-feira), conforme certidão de fl. 394, **não está preenchido o requisito extrínseco de admissibilidade recursal da tempestividade**. Ante o exposto, **inadmito o presente recurso especial**, nos termos do artigo 1.030, inciso V, do Código de Processo Civil." (TJCE, 2ª Câmara Criminal, REsp, decisão monocrática, processo n. 0188396-86.2018.8.06.0001, julgado em 5/2/2024). (Negritou-se).

STF – TEMAS COM REPERCUSSÃO GERAL

0022
RE 560900
Acórdão
Sem previsão constitucionalmente adequada e instituída por lei, não é legítima a cláusula de edital de concurso público que restrinja a participação de candidato pelo simples fato de responder a inquérito ou ação penal.

0059
RE 579167
A Lei nº 11.464/07, que majorou o tempo necessário para progressão no cumprimento da pena, não se aplica a situações jurídicas que retratem crime hediondo ou equiparado cometido em momento anterior à respectiva vigência.

0089
RE 587365
Acórdão
Segundo decorre do art. 201, IV, da Constituição Federal, a renda do segurado preso é a que deve ser utilizada como parâmetro para a concessão do auxílio-reclusão e não a de seus dependentes.

0113
RE 583523
Acórdão
O art. 25 da Lei de Contravenções Penais (Decreto-lei 3.688/1941) não foi recepcionado pela Constituição de 1988, por violar os princípios da dignidade da pessoa humana (CF, art. 1º, III) e da isonomia (CF, art. 5º, caput e I).

114
RE 453000
Surge harmônico com o princípio constitucional da individualização da pena o inciso I do artigo 61 do Código Penal, no que prevê, como agravante, a reincidência.

129
RE 591054
A existência de inquéritos policiais ou de ações penais sem trânsito em julgado não pode ser considerada como maus antecedentes para fins de dosimetria da pena.

0150
RE 593818
Acórdão
Não se aplica ao reconhecimento dos maus antecedentes o prazo quinquenal de prescrição da reincidência, previsto no art. 64, I, do Código Penal, podendo o julgador, fundamentada e eventualmente, não promover qualquer incremento da pena-base em razão de condenações pretéritas, quando as considerar desimportantes, ou demasiadamente distanciadas no tempo, e, portanto, não necessárias à prevenção e repressão do crime, nos termos do comando do artigo 59 do Código Penal.

0154
RE 593443
Acórdão
Qualquer decisão do Poder Judiciário que rejeite denúncia, que impronuncie ou absolva, sumariamente, os réus ou, ainda, que ordene a extinção, em sede de "habeas corpus", de procedimentos penais não transgride o monopólio constitucional da ação penal pública (CF, art. 129, I) nem ofende os postulados do juiz natural (CF, art. 5º, inciso LIII) e da soberania do veredicto do Júri (CF, art. 5º, inciso XXXVIII, "c").

0158
RE 597270
Acórdão
Circunstância atenuante genérica não pode conduzir à redução da pena abaixo do mínimo legal.

0169
RE 600817
Acórdão
I – É inadmissível a aplicação da causa de diminuição prevista no art. 33, § 4º, da Lei 11.343/2006 à pena relativa à condenação por crime cometido na vigência da Lei 6.368/1976; II – Não é possível a conjugação de partes mais benéficas das referidas normas, para criar-se uma terceira lei, sob pena de violação aos princípios da legalidade e da separação de Poderes; III – O juiz, contudo, deverá, no caso concreto, avaliar qual das mencionadas leis é mais favorável ao réu e aplicá-la em sua integralidade.

0170
RE 597133

Não viola o postulado constitucional do juiz natural o julgamento de apelação por órgão composto majoritariamente por juízes convocados, autorizado no âmbito da Justiça Federal pela Lei 9.788/1999.

0184
RE 593727
Acórdão

O Ministério Público dispõe de competência para promover, por autoridade própria, e por prazo razoável, investigações de natureza penal, desde que respeitados os direitos e garantias que assistem a qualquer indiciado ou a qualquer pessoa sob investigação do Estado, observadas, sempre, por seus agentes, as hipóteses de reserva constitucional de jurisdição e, também, as prerrogativas profissionais de que se acham investidos, em nosso País, os Advogados (Lei 8.906/1994, art. 7º, notadamente os incisos I, II, III, XI, XIII, XIV e XIX), sem prejuízo da possibilidade – sempre presente no Estado democrático de Direito – do permanente controle jurisdicional dos atos, necessariamente documentados (Súmula Vinculante 14), praticados pelos membros dessa Instituição.

0187
RE 795567
Acórdão

As consequências jurídicas extrapenais previstas no art. 91 do Código Penal são decorrentes de sentença penal condenatória. Tal não ocorre, portanto, quando há transação penal (art. 76 da Lei 9.099/1995), cuja sentença tem natureza meramente homologatória, sem qualquer juízo sobre a responsabilidade criminal do aceitante. As consequências geradas pela transação penal são essencialmente aquelas estipuladas por modo consensual no respectivo instrumento de acordo.

0220
RE 592581
Acórdão

É lícito ao Judiciário impor à Administração Pública obrigação de fazer, consistente na promoção de medidas ou na execução de obras emergenciais em estabelecimentos prisionais para dar efetividade ao postulado da dignidade da pessoa humana e assegurar aos detentos o respeito à sua integridade física e moral, nos termos do que preceitua o art. 5º, XLIX, da Constituição Federal, não sendo oponível à decisão o argumento da reserva do possível nem o princípio da separação dos poderes.

0237
RE 583937
Acórdão
É lícita a prova consistente em gravação ambiental realizada por um dos interlocutores sem conhecimento do outro.

0238
RE 602072
Acórdão
A homologação da transação penal prevista no artigo 76 da Lei 9.099/1995 não faz coisa julgada material e, descumpridas suas cláusulas, retoma-se a situação anterior, possibilitando-se ao Ministério Público a continuidade da persecução penal mediante oferecimento de denúncia ou requisição de inquérito policial.

0239
RE 602527
Acórdão
É inadmissível a extinção da punibilidade em virtude da decretação da prescrição "em perspectiva, projetada ou antecipada", isto é, com base em previsão da pena que hipoteticamente seria aplicada, independentemente da existência ou sorte do processo criminal.

0240
RE 602543
Acórdão
Inexiste nulidade pela ausência, em oitiva de testemunha por carta precatória, de réu preso que não manifestou expressamente intenção de participar da audiência.

0280
RE 603616
Acórdão
A entrada forçada em domicílio sem mandado judicial só é lícita, mesmo em período noturno, quando amparada em fundadas razões, devidamente justificadas *a posteriori*, que indiquem que dentro da casa ocorre situação de flagrante delito, sob pena de responsabilidade disciplinar, civil e penal do agente ou da autoridade, e de nulidade dos atos praticados.

0294
RE 612359
Acórdão
Cabe o julgamento monocrático no âmbito dos Juizados Especiais, desde que possível sua revisão pelo Órgão Colegiado.

0339
AI 791292
Acórdão

O art. 93, IX, da Constituição Federal exige que o acórdão ou decisão sejam fundamentados, ainda que sucintamente, sem determinar, contudo, o exame pormenorizado de cada uma das alegações ou provas.

0358
RE 601146

A competência constitucional do tribunal para decidir sobre a perda do posto e da patente dos oficiais e da graduação das praças é específica, nos termos do artigo 125, § 4º, não autorizando a concessão de reforma de policial militar julgado inapto a permanecer nas fileiras da corporação.

0362
RE 608880
Acórdão

Nos termos do artigo 37, § 6º, da Constituição Federal, não se caracteriza a responsabilidade civil objetiva do Estado por danos decorrentes de crime praticado por pessoa foragida do sistema prisional, quando não demonstrado o nexo causal direto entre o momento da fuga e a conduta praticada.

0365
RE 580252
Acórdão

Considerando que é dever do Estado, imposto pelo sistema normativo, manter em seus presídios os padrões mínimos de humanidade previstos no ordenamento jurídico, é de sua responsabilidade, nos termos do art. 37, § 6º, da Constituição, a obrigação de ressarcir os danos, inclusive morais, comprovadamente causados aos detentos em decorrência da falta ou insuficiência das condições legais de encarceramento.

0370
RE 601182
Acórdão

A suspensão de direitos políticos prevista no art. 15, inc. III, da Constituição Federal aplica-se no caso de substituição da pena privativa de liberdade pela restritiva de direitos.

0371
RE 628658
Acórdão
Reveste-se de legitimidade jurídica a concessão, pelo Presidente da República, do benefício constitucional do indulto (CF, art. 84, XII), que traduz expressão do poder de graça do Estado, mesmo se se tratar de indulgência destinada a favorecer pessoa que, em razão de sua inimputabilidade ou semi-imputabilidade, sofre medida de segurança, ainda que de caráter pessoal e detentivo.

0393
RE 628624
Acórdão
Compete à Justiça Federal processar e julgar os crimes consistentes em disponibilizar ou adquirir material pornográfico, acessível transnacionalmente, envolvendo criança ou adolescente, quando praticados por meio da rede mundial de computadores (arts. 241, 241-A e 241-B da Lei nº 8.069/1990).

0399
RE 635336
Acórdão
A expropriação prevista no art. 243 da Constituição Federal pode ser afastada, desde que o proprietário comprove que não incorreu em culpa, ainda que "in vigilando" ou "in eligendo".

0423
RE 641320
Acórdão
I - A falta de estabelecimento penal adequado não autoriza a manutenção do condenado em regime prisional mais gravoso; II - Os juízes da execução penal poderão avaliar os estabelecimentos destinados aos regimes semiaberto e aberto, para qualificação como adequados a tais regimes. São aceitáveis estabelecimentos que não se qualifiquem como "colônia agrícola, industrial" (regime semiaberto) ou "casa de albergado ou estabelecimento adequado" (regime aberto) (art. 33, §1º, alíneas "b" e "c"); III - Havendo déficit de vagas, deverá determinar-se: (i) a saída antecipada de sentenciado no regime com falta de vagas; (ii) a liberdade eletronicamente monitorada ao sentenciado que sai antecipadamente ou é posto em prisão domiciliar por falta de vagas; (iii) o cumprimento de penas restritivas de direito e/ou estudo ao sentenciado que progride ao regime aberto. Até que sejam estruturadas as medidas alternativas propostas, poderá ser deferida a prisão domiciliar ao sentenciado. (Súmula vinculante 56).

0438
RE 600851
Acórdão

Em caso de inatividade processual decorrente de citação por edital, ressalvados os crimes previstos na Constituição Federal como imprescritíveis, é constitucional limitar o período de suspensão do prazo prescricional ao tempo de prescrição da pena máxima em abstrato cominada ao crime, a despeito de o processo permanecer suspenso.

0451
RE 635729
Acórdão

Não afronta a exigência constitucional de motivação dos atos decisórios a decisão de Turma Recursal de Juizados Especiais que, em consonância com a Lei 9.099/1995, adota como razões de decidir os fundamentos contidos na sentença recorrida.

0453
RE 549560
Acórdão

O foro especial por prerrogativa de função não se estende a magistrados aposentados.

0477
RE 1116485

1. A revogação ou modificação do ato normativo em que se fundou a edição de enunciado de súmula vinculante acarreta, em regra, a necessidade de sua revisão ou cancelamento pelo Supremo Tribunal Federal, conforme o caso. 2. É constitucional a previsão legislativa de perda dos dias remidos pelo condenado que comete falta grave no curso da execução penal.

0478
RE 640139
Acórdão

O princípio constitucional da autodefesa (art. 5º, LXIII, da CF/88) não alcança aquele que atribui falsa identidade perante autoridade policial com o intento de ocultar maus antecedentes, sendo, portanto, típica a conduta praticada pelo agente (art. 307 do CP).

0486
RE 607107

É constitucional a imposição da pena de suspensão de habilitação para dirigir veículo automotor ao motorista profissional condenado por homicídio culposo no trânsito.

0496
RE 590908
AFETADO: Recurso extraordinário em que se discute, à luz do art. 127, § 1º, da Constituição Federal, eventual preclusão do direito de recorrer, por parte do Ministério Público, de decisão de impronúncia, que acolhera pleito formulado em alegações finais por outro membro do aludido órgão — que fora substituído —, tendo em vista os princípios da independência funcional, da unidade e da indivisibilidade.

0506
RE 635659
1. Não comete infração penal quem adquirir, guardar, tiver em depósito, transportar ou trouxer consigo, para consumo pessoal, a substância *cannabis sativa*, sem prejuízo do reconhecimento da ilicitude extrapenal da conduta, com apreensão da droga e aplicação de sanções de advertência sobre os efeitos dela (art. 28, I) e medida educativa de comparecimento a programa ou curso educativo (art. 28, III); 2. As sanções estabelecidas nos incisos I e III do art. 28 da Lei 11.343/06 serão aplicadas pelo juiz em procedimento de natureza não penal, sem nenhuma repercussão criminal para a conduta; 3. Em se tratando da posse de *cannabis* para consumo pessoal, a autoridade policial apreenderá a substância e notificará o autor do fato para comparecer em Juízo, na forma do regulamento a ser aprovado pelo CNJ. Até que o CNJ delibere a respeito, a competência para julgar as condutas do art. 28 da Lei 11.343/06 será dos Juizados Especiais Criminais, segundo a sistemática atual, vedada a atribuição de quaisquer efeitos penais para a sentença; 4. Nos termos do § 2º do artigo 28 da Lei 11.343/2006, será presumido usuário quem, para consumo próprio, adquirir, guardar, tiver em depósito, transportar ou trouxer consigo, até 40 gramas de *cannabis sativa* ou seis plantas-fêmeas, até que o Congresso Nacional venha a legislar a respeito; 5. A presunção do item anterior é relativa, não estando a autoridade policial e seus agentes impedidos de realizar a prisão em flagrante por tráfico de drogas, mesmo para quantidades inferiores ao limite acima estabelecido, quando presentes elementos que indiquem intuito de mercancia, como a forma de acondicionamento da droga, as circunstâncias da apreensão, a variedade de substâncias apreendidas, a apreensão simultânea de instrumentos como balança, registros de operações comerciais e aparelho celular contendo contatos de usuários ou traficantes; 6. Nesses casos, caberá ao Delegado de Polícia consignar, no auto de prisão em flagrante, justificativa minudente para afastamento da presunção do porte para uso pessoal, sendo vedada a alusão a critérios subjetivos arbitrários; 7. Na hipótese de prisão por quantidades inferiores à fixada no item 4, deverá o juiz, na audiência de custódia, avaliar as razões invocadas para o afastamento da presunção de porte para uso próprio; 8. A apreensão de quantidades superiores aos limites ora fixados não impede o juiz de concluir que a

conduta é atípica, apontando nos autos prova suficiente da condição de usuário.

0562
RE 685493
Ante conflito entre a liberdade de expressão de agente político, na defesa da coisa pública, e honra de terceiro, há de prevalecer o interesse coletivo.

0565
ARE 691306
Acórdão
É possível a exclusão, em processo administrativo, de policial militar que comete faltas disciplinares, independentemente do curso de ação penal instaurada em razão da mesma conduta.

0580
RE 702362
Compete à Justiça Federal processar e julgar o crime de violação de direito autoral de caráter transnacional.

0592
RE 841526
Acórdão
Em caso de inobservância do seu dever específico de proteção previsto no art. 5º, inciso XLIX, da Constituição Federal, o Estado é responsável pela morte de detento.

0613
RE 635145
Acórdão
1. É constitucional a citação por hora certa, prevista no art. 362, do Código de Processo Penal. 2. A ocultação do réu para ser citado infringe cláusulas constitucionais do devido processo legal e viola as garantias constitucionais do acesso à justiça e da razoável duração do processo.

0626
ARE 663261
Acórdão
É inconstitucional a vedação à conversão da pena privativa de liberdade em restritiva de direitos, prevista nos artigos 33, § 4º, e 44, caput, da Lei 11.343/2006.

0647

RE 638491

Acórdão

É possível o confisco de todo e qualquer bem de valor econômico apreendido em decorrência do tráfico de drogas, sem a necessidade de se perquirir a habitualidade, reiteração do uso do bem para tal finalidade, a sua modificação para dificultar a descoberta do local do acondicionamento da droga ou qualquer outro requisito além daqueles previstos expressamente no art. 243, parágrafo único, da Constituição Federal.

0648

RE 835558

Acórdão

Compete à Justiça Federal processar e julgar o crime ambiental de caráter transnacional que envolva animais silvestres, ameaçados de extinção e espécimes exóticas ou protegidas por compromissos internacionais assumidos pelo Brasil.

0650

RE 768494

Acórdão

É incabível a aplicação retroativa do art. 30 da Lei 10.826/2003, inserido pela Medida Provisória 417/2008, para extinguir a punibilidade do delito de posse de arma de fogo de uso permitido cometido antes da sua entrada em vigor.

0656

RE 608588

É constitucional, no âmbito dos municípios, o exercício de ações de segurança urbana pelas Guardas Municipais, inclusive policiamento ostensivo e comunitário, respeitadas as atribuições dos demais órgãos de segurança pública previstos no art. 144 da Constituição Federal e excluída qualquer atividade de polícia judiciária, sendo submetidas ao controle externo da atividade policial pelo Ministério Público, nos termos do artigo 129, inciso VII, da CF. Conforme o art. 144, § 8º, da Constituição Federal, as leis municipais devem observar as normas gerais fixadas pelo Congresso Nacional.

0661
RE 625263
Acórdão

São lícitas as sucessivas renovações de interceptação telefônica, desde que, verificados os requisitos do artigo 2º da Lei nº 9.296/1996 e demonstrada a necessidade da medida diante de elementos concretos e a complexidade da investigação, a decisão judicial inicial e as prorrogações sejam devidamente motivadas, com justificativa legítima, ainda que sucinta, a embasar a continuidade das investigações. São ilegais as motivações padronizadas ou reproduções de modelos genéricos sem relação com o caso concreto.

0703
RE 603116

O art. 47 da Lei nº 6.880/80 foi recepcionado pela Constituição Federal de 1988, sendo válidos, por conseguinte, os incisos IV e V do art. 24 do Decreto nº 4.346/02, os quais não ofendem o princípio da reserva legal.

0712
ARE 666334
Acórdão

As circunstâncias da natureza e da quantidade da droga apreendida devem ser levadas em consideração apenas em uma das fases do cálculo da pena.

0713
ARE 773765
Acórdão

Os crimes de lesão corporal praticados contra a mulher no âmbito doméstico e familiar são de ação penal pública incondicionada.

0722
RE 726035

Compete à justiça federal comum processar e julgar mandado de segurança quando a autoridade apontada como coatora for autoridade federal, considerando-se como tal também os dirigentes de pessoa jurídica de direito privado investidos de delegação concedida pela União.

0758
RE 776823
Acórdão

O reconhecimento de falta grave consistente na prática de fato definido como crime doloso no curso da execução penal dispensa o trânsito em julgado da condenação criminal no juízo do conhecimento, desde que a apuração do ilícito disciplinar ocorra com observância do devido processo legal, do contraditório e da ampla defesa, podendo a instrução em sede executiva ser suprida por sentença criminal condenatória que verse sobre a materialidade, a autoria e as circunstâncias do crime correspondente à falta grave.

0788
ARE 848107

O prazo para a prescrição da execução da pena concretamente aplicada somente começa a correr do dia em que a sentença condenatória transita em julgado para ambas as partes, momento em que nasce para o Estado a pretensão executória da pena, conforme interpretação dada pelo Supremo Tribunal Federal ao princípio da presunção de inocência (art. 5º, inciso LVII, da Constituição Federal) nas ADC 43, 44 e 54.
MODULAÇÃO DE EFEITOS:
"Modulam-se os efeitos da tese para que seja aplicada aos casos i) nos quais a pena não tenha sido declarada extinta pela prescrição em qualquer tempo e grau de jurisdição; e ii) cujo trânsito em julgado para a acusação tenha ocorrido após 12/11/20 (data do julgamento das ADC nº 43, 44 e 53)".

0811
ARE 859251
Acórdão

I - O ajuizamento da ação penal privada pode ocorrer após o decurso do prazo legal, sem que seja oferecida denúncia, ou promovido o arquivamento, ou requisitadas diligências externas ao Ministério Público. Diligências internas à instituição são irrelevantes; II - A conduta do Ministério Público posterior ao surgimento do direito de queixa não prejudica sua propositura. Assim, o oferecimento de denúncia, a promoção do arquivamento ou a requisição de diligências externas ao Ministério Público, posterior ao decurso do prazo legal para a propositura da ação penal não afastam o direito de queixa. Nem mesmo a ciência da vítima ou da família quanto a tais diligências afasta esse direito, por não representar concordância com a falta de iniciativa da ação penal pública.

0857
ARE 901623
O art. 19 da Lei de Contravenções Penais permanece válido e é aplicável ao porte de arma branca, cuja potencialidade lesiva deve ser aferida com base nas circunstâncias do caso concreto, tendo em conta, inclusive, o elemento subjetivo do agente.

0905
RE 973837
AFETADO: Recurso extraordinário em que se discute, à luz do princípio constitucional da não autoincriminação e do art. 5º, II, da Constituição Federal, a constitucionalidade do art. 9º-A da Lei 7.210/1984, introduzido pela Lei 12.654/2012, que prevê a identificação e o armazenamento de perfis genéticos de condenados por crimes violentos ou por crimes hediondos.

0907
RE 971959
Acórdão
A regra que prevê o crime do art. 305 do Código de Trânsito Brasileiro (Lei nº 9.503/97) é constitucional, posto não infirmar o princípio da não incriminação, garantido o direito ao silêncio e ressalvadas as hipóteses de exclusão da tipicidade e da antijuridicidade.

0924
RE 966177
AFETADO: Recurso extraordinário em que se discute, com fundamento nos arts. 1º, inc. IV, 5º, "caput", incs. II, VI, VIII, XXXIX, XLI e LIV, 19, inc. I, e 170 da Constituição da República, a recepção do art. 50, "caput", do Decreto-Lei n. 3.688/1941 (Lei das Contravenções Penais), pelo qual tipificada a exploração ou o estabelecimento de jogos de azar como contravenções penais.

0925
ARE 964246
A execução provisória de acórdão penal condenatório proferido em grau recursal, ainda que sujeito a recurso especial ou extraordinário, não compromete o princípio constitucional da presunção de inocência afirmado pelo artigo 5º, inciso LVII, da Constituição Federal.

0937
ARE 999425
Acórdão
Os crimes previstos na Lei nº 8.137/1990 não violam o disposto no art. 5º, inc. LXVII, da Constituição da República.

0941
RE 972598
Acórdão
A oitiva do condenado pelo Juízo da Execução Penal, em audiência de justificação realizada na presença do defensor e do Ministério Público, afasta a necessidade de prévio Procedimento Administrativo Disciplinar (PAD), assim como supre eventual ausência ou insuficiência de defesa técnica no PAD instaurado para apurar a prática de falta grave durante o cumprimento da pena.

0946
RE 985392
Acórdão
Os Ministérios Públicos dos Estados e do Distrito Federal têm legitimidade para propor e atuar em recursos e meios de impugnação de decisões judiciais em trâmite no STF e no STJ, oriundos de processos de sua atribuição, sem prejuízo da atuação do Ministério Público Federal.

0959
RE 1038925
Acórdão
É inconstitucional a expressão "e liberdade provisória", constante do *caput* do artigo 44 da Lei nº 11.343/2006.

0972
ARE 1052700
Acórdão
É inconstitucional a fixação *ex lege*, com base no art. 2º, § 1º, da Lei 8.072/1990, do regime inicial fechado, devendo o julgador, quando da condenação, ater-se aos parâmetros previstos no artigo 33 do Código Penal.

0977
ARE 1042075
AFETADO: Recurso extraordinário em que se discute, à luz do art. 5º, incs. XII e LVI, da Constituição da República, a licitude da prova produzida durante o inquérito policial subsistente no acesso, sem autorização judicial, de registros e informações contidas em aparelho de telefonia celular relacionado à conduta delitiva, hábeis a identificar o agente do crime.

0989
RE 1093553
AFETADO: Recurso extraordinário em que se discute, à luz dos arts. 2º e 5º, inc. XXXIX, da Constituição da República, a constitucionalidade do art. 233 do Código Penal.

0990

RE 1055941

1. É constitucional o compartilhamento dos relatórios de inteligência financeira da UIF e da íntegra do procedimento fiscalizatório da Receita Federal do Brasil, que define o lançamento do tributo, com os órgãos de persecução penal para fins criminais, sem a obrigatoriedade de prévia autorização judicial, devendo ser resguardado o sigilo das informações em procedimentos formalmente instaurados e sujeitos a posterior controle jurisdicional. 2. O compartilhamento pela UIF e pela RFB, referente ao item anterior, deve ser feito unicamente por meio de comunicações formais, com garantia de sigilo, certificação do destinatário e estabelecimento de instrumentos efetivos de apuração e correção de eventuais desvios.

0998

ARE 959620

AFETADO: Recurso extraordinário em que se discute, à luz dos arts. 5º, inc. X, 6º, caput, e 144, caput, da Constituição da República, a legitimidade de decisão que sobrepõe a observância aos princípios da proteção à intimidade e da dignidade da pessoa humana aos princípios da segurança e da ordem públicas.
(Controvérsia relativa à ilicitude da prova obtida a partir de revista íntima de visitante em estabelecimento prisional, por ofensa ao princípio da dignidade da pessoa humana e à proteção ao direito à intimidade, à honra e à imagem).

1003

RE 979962

Acórdão

É inconstitucional a aplicação do preceito secundário do art. 273 do Código Penal, com redação dada pela Lei nº 9.677/98 (reclusão, de 10 a 15 anos, e multa), à hipótese prevista no seu § 1º-B, I, que versa sobre importar, vender, expor à venda, ter em depósito para vender ou, de qualquer forma, distribuir ou entregar produto sem registro no órgão de vigilância sanitária. Para estas situações específicas, fica repristinado o preceito secundário do art. 273, na sua redação originária (reclusão, de 1 a 3 anos, e multa).

1041
RE 1116949
Acórdão

(1) Sem autorização judicial ou fora das hipóteses legais, é ilícita a prova obtida mediante abertura de carta, telegrama, pacote ou meio análogo, salvo se ocorrida em estabelecimento penitenciário, quando houver fundados indícios da prática de atividades ilícitas. (2) Em relação à abertura de encomenda postada nos Correios, a prova obtida somente será lícita quando houver fundados indícios da prática de atividade ilícita, formalizando-se as providências adotadas para fins de controle administrativo ou judicial.

1055
RE 1209429
Acórdão

É objetiva a Responsabilidade Civil do Estado em relação a profissional da imprensa ferido por agentes policiais durante cobertura jornalística, em manifestações em que haja tumulto ou conflitos entre policiais e manifestantes. Cabe a excludente da responsabilidade da culpa exclusiva da vítima, nas hipóteses em que o profissional de imprensa descumprir ostensiva e clara advertência sobre acesso a áreas delimitadas, em que haja grave risco à sua integridade física.

1068
RE 1235340

A soberania dos veredictos do Tribunal do Júri autoriza a imediata execução de condenação imposta pelo corpo de jurados, independentemente do total da pena aplicada.

1087
ARE 1225185

1. É cabível recurso de apelação com base no artigo 593, III, d, do Código de Processo Penal, nas hipóteses em que a decisão do Tribunal do Júri, amparada em quesito genérico, for considerada pela acusação como manifestamente contrária à prova dos autos. 2. O Tribunal de Apelação não determinará novo Júri quando tiver ocorrido a apresentação, constante em Ata, de tese conducente à clemência ao acusado, e esta for acolhida pelos jurados, desde que seja compatível com a Constituição, os precedentes vinculantes do Supremo Tribunal Federal e com as circunstâncias fáticas apresentadas nos autos.

1120
RE 1297884
Em respeito ao princípio da separação dos poderes, previsto no art. 2º da Constituição Federal, quando não caracterizado o desrespeito às normas constitucionais, é defeso ao Poder Judiciário exercer o controle jurisdicional em relação à interpretação do sentido e do alcance de normas meramente regimentais das Casas Legislativas, por se tratar de matéria *interna corporis*.

1121
RE 1296829
AFETADO: Recurso extraordinário em que se discute à luz do artigo 5º, X, da Constituição Federal a constitucionalidade do compartilhamento com o Ministério Público Eleitoral, para fins de apuração de irregularidades em doações eleitorais, dos dados fiscais de pessoas físicas e jurídicas obtidos com base em convênio firmado pela Portaria Conjunta SRF-TSE 74/2006, entre a Receita Federal e o Tribunal Superior Eleitoral, sem autorização prévia do Poder Judiciário.

1138
RE 1318520
AFETADO: Recurso extraordinário em que se discute, à luz do artigo 5º, inciso LVII, da Constituição Federal, a possibilidade de "decisão criminal" não transitada em julgado ser alcançada por superveniente causa de extinção da punibilidade prevista no artigo 5º, § 1º, da Lei nº 13.254/2016, mediante adesão ao Regime Especial de Regularização Cambial e Tributária – RERCT e atendimento das condições nele estabelecidas.

1147
RE 1331044
AFETADO: Recurso extraordinário em que se discute, à luz do artigo 105, inciso I, alínea "a", da Constituição Federal, a competência do Superior Tribunal de Justiça para o processamento e julgamento de ação penal, considerados o foro por prerrogativa de função de desembargador de tribunal de justiça e a imputação de crime comum sem relação com o cargo ocupado.

1148
RE 1301250
AFETADO: Recurso extraordinário em que se discute, à luz da Constituição Federal, artigos 5º, X e XII, e 93, IX, a constitucionalidade de decreto judicial genérico de quebra de sigilo de dados telemáticos, para efeito de divulgação de informações pessoais de usuários indeterminados, sem a respectiva identificação, considerada a proteção constitucional da intimidade e da vida privada.

1158

RE 1323708

AFETADO: Recurso extraordinário em que se discute, à luz dos artigos 1º, III e IV, e 3º, I e III, da Constituição Federal a configuração do delito de redução a condição análoga à de escravo e a possibilidade de distinção das condições de trabalho pela realidade do local de sua realização, bem como a fixação de *standards* probatórios que permitam conferir maior peso às provas já produzidas em fiscalização trabalhista.

1169

ARE 1327963

Tendo em vista a legalidade e a taxatividade da norma penal (art. 5º, XXXIX, CF), a alteração promovida pela Lei 13.964/2019 no art. 112 da LEP não autoriza a incidência do percentual de 60% (inc. VII) aos condenados reincidentes não específicos para o fim de progressão de regime. Diante da omissão legislativa, impõe-se a analogia *in bonam partem*, para aplicação, inclusive retroativa, do inciso V do artigo 112 da LEP (lapso temporal de 40%) ao condenado por crime hediondo ou equiparado sem resultado morte reincidente não específico.

1178

RE 1347158

Acórdão

A multa mínima prevista no artigo 33 da Lei 11.343/06 é opção legislativa legítima para a quantificação da pena, não cabendo ao Poder Judiciário alterá-la com fundamento nos princípios da proporcionalidade, da isonomia e da individualização da pena.

1185

RE 1177984

AFETADO: Recurso extraordinário em que se discute, à luz do art. 5º, LIV e LXIII, da Constituição Federal, a obrigatoriedade, ou não, da advertência ao preso do direito ao silêncio, no momento da abordagem policial - quando frequentemente ocorre o denominado interrogatório informal -, sob pena de ilicitude da prova, e considerando-se os princípios da não auto-incriminação (*nemo tenetur se detegere*) e do devido processo legal.

1190
RE 1282553

A suspensão dos direitos políticos prevista no artigo 15, III, da Constituição Federal ("condenação criminal transitada em julgado, enquanto durarem seus efeitos") não impede a nomeação e posse de candidato aprovado em concurso público, desde que não incompatível com a infração penal praticada, em respeito aos princípios da dignidade da pessoa humana e do valor social do trabalho (CF, art. 1º, III e IV) e do dever do Estado em proporcionar as condições necessárias para a harmônica integração social do condenado, objetivo principal da execução penal, nos termos do artigo 1º da LEP (Lei nº 7.210/84). O início do efetivo exercício do cargo ficará condicionado ao regime da pena ou à decisão judicial do juízo de execuções, que analisará a compatibilidade de horários.

1200
ARE 1320744
Acórdão

1) A perda da graduação da praça pode ser declarada como efeito secundário da sentença condenatória pela prática de crime militar ou comum, nos termos do art. 102 do Código Penal Militar e do art. 92, I, 'b', do Código Penal, respectivamente. 2) Nos termos do artigo 125, § 4º, da Constituição Federal, o Tribunal de Justiça Militar, onde houver, ou o Tribunal de Justiça são competentes para decidir, em processo autônomo decorrente de representação do Ministério Público, sobre a perda do posto e da patente dos oficiais e da graduação das praças que teve contra si uma sentença condenatória, independentemente da natureza do crime por ele cometido.

1208
RE 1368160

AFETADO: Recurso extraordinário em que se discute, à luz dos artigos 2º; 5º, XI; 18, e 144, §7º, da Constituição Federal, os requisitos de validade do consentimento do morador para busca e apreensão em domicílio, considerando o disposto no artigo 5º, XI, da Constituição da República e os princípios da inviolabilidade do domicílio, da dignidade da pessoa humana, da vedação à proteção deficiente e da segurança jurídica.

1219
RE 1377843
AFETADO: Recurso extraordinário em que se discute, à luz do artigo 5º, XLVI, "c", da Constituição Federal, se a Procuradoria da Fazenda Pública manteria legitimidade subsidiária para a execução de pena de multa imposta criminalmente, e não executada pelo Ministério Público no prazo de 90 (noventa) dias, considerando-se o entendimento firmado pelo Supremo Tribunal Federal na ADI 3.150 e a superveniência da Lei 13.964/2019 (Pacote Anticrime).

1238
ARE 1316369
Acórdão
São inadmissíveis, em processos administrativos de qualquer espécie, provas consideradas ilícitas pelo Poder Judiciário.

1242
RE 1400172
AFETADO: Recurso extraordinário em que se discute, à luz dos artigos 5º, XXXIX, LIV, LV, LVII e LIII, da Constituição Federal, se o descumprimento de ordem legal de parada, emanada de agente público em atividade ostensiva de prevenção e repressão de crimes, estaria sob a salvaguarda do direito ao silêncio e do direito de não produzir prova contra si mesmo.

1246
ARE 1418846
Acórdão
O art. 268 do Código Penal veicula norma penal em branco que pode ser complementada por atos normativos infralegais editados pelos entes federados (União, Estados, Distrito Federal e Municípios), respeitadas as respectivas esferas de atuação, sem que isso implique ofensa à competência privativa da União para legislar sobre direito penal (CF, art. 22, I).

1267
RE 1450100
AFETADO: Recurso extraordinário em que se discute, à luz dos artigos 2º, 48, VIII, 60, § 4º, III, 62, § 1º, I, b, e 68, § 1º, II, da Constituição Federal, se o estabelecimento de critério para concessão de indulto natalino com esteio na pena máxima em abstrato é consentâneo com os limites constitucionais do poder discricionário do Presidente da República, disposto no art. 84, XII, da Carta Política, traçados, por um lado, pelo art. 5º, XLIII, da Constituição Federal e, por outro, pelos princípios da separação dos poderes, da individualização da pena, da proporcionalidade, da razoabilidade, da segurança pública e da vedação à proteção insuficiente.

1303
RE 1448742
1. O sobrestamento de recurso extraordinário nos tribunais de origem para aguardar o julgamento de tema de repercussão geral não suspende automaticamente o prazo prescricional de pretensão punitiva penal. 2. O ministro relator do processo selecionado como paradigma no Supremo Tribunal Federal, caso entenda necessário e adequado, poderá determinar a suspensão de ações penais em curso que tratem de mesma controvérsia, assim como do prazo prescricional de pretensão punitiva penal.

1311
ARE 1458696
AFETADO: Recurso extraordinário em que se discute, à luz dos arts.5º, XXXVI; e XXXVIII, da Constituição Federal, a possibilidade de um Tribunal despronunciar pessoa condenada pelo Conselho de Sentença do Tribunal do Júri, com trânsito em julgado, por meio de decisão concessiva de habeas corpus.

1315
ARE 1244249
AFETADO: Recurso extraordinário em que se discute à luz dos artigos 5º, XI; 37; e 144 da Constituição Federal a concessão de habeas corpus com a absolvição do paciente em virtude da declaração de licitude da prova obtida por meio de busca pessoal realizada por agente de segurança privada contratado por empresa pública ou sociedade de economia mista prestadoras de serviço público, no legítimo exercício de poder de polícia e com a finalidade de garantir a segurança dos usuários de serviços públicos.

STF – TEMAS SEM REPERCUSSÃO GERAL

0181
RE 598365
Acórdão

A questão do preenchimento dos pressupostos de admissibilidade de recursos da competência de outros Tribunais tem natureza infraconstitucional e a ela são atribuídos os efeitos da ausência de repercussão geral, nos termos do precedente fixado no RE n. 584.608, rel. a Ministra Ellen Gracie, DJe 13/03/2009.

0182
AI 742460
Acórdão

A questão da adequada valoração das circunstâncias judiciais previstas no art. 59 do Código Penal, na fundamentação da fixação da pena-base pelo juízo sentenciante, tem natureza infraconstitucional e a ela são atribuídos os efeitos da ausência de repercussão geral, nos termos do precedente fixado no RE n. 584.608, rel. a Ministra Ellen Gracie, DJe 13/03/2009.

0183
AI 747522
Acórdão

A questão da aplicação do princípio da insignificância a crime de posse de substância entorpecente para uso próprio tem natureza infraconstitucional e a ela são atribuídos os efeitos da ausência de repercussão geral, nos termos do precedente fixado no RE n. 584.608, rel. a Ministra Ellen Gracie, DJe 13/03/2009.

0205
AI 754008
Acórdão

A questão do preenchimento dos requisitos para a concessão de progressão de regime carcerário, nos termos do art. 112 da Lei de Execução Penal, na redação da Lei nº 10.792/2003, em especial com relação à realização de exame criminológico (exigência de avaliação social e psicológica do apenado), tem natureza infraconstitucional e a ela são atribuídos os efeitos da ausência de repercussão geral, nos termos do precedente fixado no RE n. 584.608, rel. a Ministra Ellen Gracie, DJe 13/03/2009.

0398
AI 836810
Acórdão

A questão das causas legais de anulação de decisão judicial tem natureza infraconstitucional e a ela são atribuídos os efeitos da ausência de repercussão geral, nos termos do precedente fixado no RE n. 584.608, rel. a Ministra Ellen Gracie, DJe 13/03/2009.

0424
ARE 639228
Acórdão

A questão do indeferimento de produção de provas no âmbito de processo judicial tem natureza infraconstitucional, e a ela se atribuem os efeitos da ausência de repercussão geral, nos termos do precedente fixado no RE n. 584.608, rel. a Ministra Ellen Gracie, DJe 13/03/2009.

0660
ARE 748371
Acórdão

A questão da ofensa aos princípios do contraditório, da ampla defesa, do devido processo legal e dos limites à coisa julgada, tem natureza infraconstitucional, e a ela se atribuem os efeitos da ausência de repercussão geral, nos termos do precedente fixado no RE n. 584.608, rel. a Ministra Ellen Gracie, DJe 13/03/2009.

0895
RE 956302
Acórdão

A questão da ofensa ao princípio da inafastabilidade de jurisdição, quando há óbice processual intransponível ao exame de mérito, ofensa indireta à Constituição ou análise de matéria fática, tem natureza infraconstitucional, e a ela se atribuem os efeitos da ausência de repercussão geral, nos termos do precedente fixado no RE n. 584.608, rel. a Ministra Ellen Gracie, DJe 13/03/2009.

0929
RE 983765
Acórdão

Não tem repercussão geral a controvérsia relativa à possibilidade ou não de compensação da agravante da reincidência com a atenuante da confissão espontânea.

1146
ARE 1320407
Acórdão
É infraconstitucional, a ela se aplicando os efeitos da ausência de repercussão geral, a controvérsia relativa à ofensa ao princípio da inafastabilidade de jurisdição quando a instância ordinária, com base na legislação aplicável e no conjunto fático-probatório constante dos autos, julgar, ainda que antecipadamente, o mérito da causa, por decisão fundamentada e garantidos os meios recursais cabíveis.

1165
RE 1325433
É questão infraconstitucional, a ela aplicando-se os efeitos da ausência de repercussão geral, a controvérsia sobre a perda da condição de militar obstar ou não o seguimento da persecução penal pelo crime de deserção, mesmo após o recebimento da denúncia.

1245
ARE 1403149
Revela-se infraconstitucional, a ela aplicando-se os efeitos da ausência de repercussão geral, a controvérsia acerca da subsunção da atividade de transporte remunerado de pessoas em carro próprio, sem licença do Estado, independentemente do uso de aplicativos, ao art. 47 do Decreto-Lei 3.688/1941 (Lei de Contravenções Penais).

1281
RE 1449275
É infraconstitucional, a ela se aplicando os efeitos da ausência de repercussão geral, a controvérsia relativa à incidência da causa de aumento de pena de furto noturno sobre as formas qualificadas do delito.

STF – SÚMULAS VINCULANTES

5

RE 434059

A falta de defesa técnica por advogado no processo administrativo disciplinar não ofende a Constituição.

9

HC 92791

O disposto no artigo 127 da Lei nº 7.210/1984 (Lei de Execução Penal) foi recebido pela ordem constitucional vigente, e não se lhe aplica o limite temporal previsto no *caput* do artigo 58.

Execução penal: perda dos dias remidos pelo trabalho (cometimento de falta grave).

Atenção! RE 1116485 : É constitucional a previsão legislativa de perda dos dias remidos pelo condenado que comete falta grave no curso da execução penal.

10

RE 482090

Viola a cláusula de reserva de plenário (CF, artigo 97) a decisão de órgão fracionário de Tribunal que, embora não declare expressamente a inconstitucionalidade de lei ou ato normativo do poder público, afasta sua incidência, no todo ou em parte.

11

HC 91952

Só é lícito o uso de algemas em casos de resistência e de fundado receio de fuga ou de perigo à integridade física própria ou alheia, por parte do preso ou de terceiros, justificada a excepcionalidade por escrito, sob pena de responsabilidade disciplinar, civil e penal do agente ou da autoridade e de nulidade da prisão ou do ato processual a que se refere, sem prejuízo da responsabilidade civil do Estado.

14

HC 91684

É direito do defensor, no interesse do representado, ter acesso amplo aos elementos de prova que, já documentados em procedimento investigatório realizado por órgão com competência de polícia judiciária, digam respeito ao exercício do direito de defesa.

24

HC 85185

Não se tipifica crime material contra a ordem tributária, previsto no art. 1º, incisos I a IV, da Lei nº 8.137/90, antes do lançamento definitivo do tributo.

25

HC 87585

É ilícita a prisão civil de depositário infiel, qualquer que seja a modalidade do depósito.

26

HC 90262

Para efeito de progressão de regime no cumprimento de pena por crime hediondo, ou equiparado, o juízo da execução observará a inconstitucionalidade do art. 2º da Lei n. 8.072, de 25 de julho de 1990, sem prejuízo de avaliar se o condenado preenche, ou não, os requisitos objetivos e subjetivos do benefício, podendo determinar, para tal fim, de modo fundamentado, a realização de exame criminológico.

35

HC 86694

A homologação da transação penal prevista no artigo 76 da Lei 9.099/1995 não faz coisa julgada material e, descumpridas suas cláusulas, retoma-se a situação anterior, possibilitando-se ao Ministério Público a continuidade da persecução penal mediante oferecimento de denúncia ou requisição de inquérito policial.

36

HC 112142

Compete à Justiça Federal comum processar e julgar civil denunciado pelos crimes de falsificação e de uso de documento falso quando se tratar de falsificação da Caderneta de Inscrição e Registro (CIR) ou de Carteira de Habilitação de Amador (CHA), ainda que expedidas pela Marinha do Brasil.

Crimes de falsificação e de uso de documento falso (Código Penal Militar, arts. 311 e 315).

45

HC 78168

A competência constitucional do Tribunal do Júri prevalece sobre o foro por prerrogativa de função estabelecido exclusivamente pela constituição estadual.

46

ARE 810812 AgR

A definição dos crimes de responsabilidade e o estabelecimento das respectivas normas de processo e julgamento são da competência legislativa privativa da União.

Atenção! O Tribunal, por unanimidade, mediante a conversão da Súmula n. 722, aprovou a proposta da edição da S.V. n. 46.

56

RE 641320

A falta de estabelecimento penal adequado não autoriza a manutenção do condenado em regime prisional mais gravoso, devendo-se observar, nessa hipótese, os parâmetros fixados no RE 641.320/RS.

59

HC 234867

É impositiva a fixação do regime aberto e a substituição da pena privativa de liberdade por restritiva de direitos quando reconhecida a figura do tráfico privilegiado (art. 33, § 4º, da Lei 11.343/06) e ausentes vetores negativos na primeira fase da dosimetria (art. 59 do CP), observados os requisitos do art. 33, § 2º, alínea c, e do art. 44, ambos do Código Penal.

STF – SÚMULAS SIMPLES

1

HC 38969

É vedada a expulsão de estrangeiro casado com Brasileira, ou que tenha filho Brasileiro, dependente da economia paterna.

2

HC 38215

Concede-se liberdade vigiada ao extraditando que estiver preso por prazo superior a sessenta dias.

145

HC 40289

Não há crime, quando a preparação do flagrante pela polícia torna impossível a sua consumação.

146

HC 43600

A prescrição da ação penal regula-se pela pena concretizada na sentença, quando não há recurso da acusação.

147

HC 39916

A prescrição de crime falimentar começa a correr da data em que deveria estar encerrada a falência, ou do trânsito em julgado da sentença que a encerrar ou que julgar cumprida a concordata.

155

RHC 38803

É relativa a nulidade do processo criminal por falta de intimação da expedição de precatória para inquirição de testemunha.

156

HC 39840

É absoluta a nulidade do julgamento, pelo júri, por falta de quesito obrigatório.

160

HC 40292

É nula a decisão do Tribunal que acolhe, contra o réu, nulidade não arguida no recurso da acusação, ressalvados os casos de recurso de ofício [remessa necessária].

162

HC 39540

É absoluta a nulidade do julgamento pelo júri, quando os quesitos da defesa não precedem aos das circunstâncias agravantes.

206

RE 49353

É nulo o julgamento ulterior pelo júri com a participação de jurado que funcionou em julgamento anterior do mesmo processo.

208

RE 51187

O assistente do Ministério Público não pode recorrer, extraordinariamente, de decisão concessiva de "habeas corpus".

210

RE 47218

O assistente do Ministério Público pode recorrer, inclusive extraordinariamente, na ação penal, nos casos dos arts. 584, § 1º, e 598 do Cód. de Proc. Penal.

Recurso extraordinário: legitimidade do assistente do MP.

233

RE 38448 EI-AgR

Salvo em caso de divergência qualificada (L. 623, de 1949), não cabe recurso de embargos contra decisão que nega provimento a agravo ou não conhece de recurso extraordinário, ainda que por maioria de votos.

245

AI 27890

A imunidade parlamentar não se estende ao corréu sem essa prerrogativa.

246

RE 47976

Comprovado não ter havido fraude, não se configura o crime de emissão de cheque sem fundos.

Crime de fraude no pagamento por meio de cheque (CP, art. 171, § 2º, inciso VI).

247

RE 42713 agr

O relator não admitirá os embargos da L. 623, de 19.2.49, nem deles conhecerá o Supremo Tribunal Federal, quando houver jurisprudência firme do Plenário no mesmo sentido da decisão embargada.

Embargos de divergência contra jurisprudência firme no STF: não conhecimento (ver STJ, 168).

253

RE 37142 EDv

Nos embargos da L. 623, de 19.2.49, no Supremo Tribunal Federal, a divergência somente será acolhida, se tiver sido indicada na petição de recurso extraordinário.

266

RE 51351

Não cabe mandado de segurança contra lei em tese.

Exceção: lei de efeitos concretos.

267

RMS 11984

Não cabe mandado de segurança contra ato judicial passível de recurso ou correição.

Exceção: STJ AgRg no MS 18.995/DF

268

RMS 11170

Não cabe mandado de segurança contra decisão judicial com trânsito em julgado.

272

RE 28238

Não se admite como ordinário recurso extraordinário de decisão denegatória de mandado de segurança.

279

AI 29710

Para simples reexame de prova não cabe recurso extraordinário.

280

RE 38815

Por ofensa a direito local não cabe recurso extraordinário.

281

AI 29467

É inadmissível o recurso extraordinário, quando couber na Justiça de origem, recurso ordinário da decisão impugnada.

282

RE 48165

É inadmissível o recurso extraordinário, quando não ventilada, na decisão recorrida, a questão federal suscitada.

283

AI 28386

É inadmissível o recurso extraordinário, quando a decisão recorrida assenta em mais de um fundamento suficiente e o recurso não abrange todos eles.

284

RE 53053

É inadmissível o recurso extraordinário, quando a deficiência na sua fundamentação não permitir a exata compreensão da controvérsia.

287

AI 30626

Nega-se provimento ao agravo, quando a deficiência na sua fundamentação, ou na do recurso extraordinário, não permitir a exata compreensão da controvérsia.

289

AI 20084

O provimento do agravo por uma das Turmas do Supremo Tribunal Federal ainda que sem ressalva, não prejudica a questão do cabimento do recurso extraordinário.

Recurso extraordinário: agravo provido para análise de cabimento do RE (RISTF, art. 316: O provimento de agravo de instrumento, ou a determinação do Relator para que subam os autos, não prejudica o exame e o julgamento, no momento oportuno, do cabimento do recurso denegado)

290

AI 27472 EI

Nos embargos da L. 623, de 19.2.49, a prova de divergência far-se-á por certidão, ou mediante indicação do Diário da Justiça ou de repertório de jurisprudência autorizado, que a tenha publicado, com a transcrição do trecho que configure a divergência, mencionadas as circunstâncias que identifiquem ou assemelhem os casos confrontados.

Embargos de divergência: CPC, art. 1.029, § 1º, e RISTF, art. 331.

292

AI 27500

Interposto o recurso extraordinário por mais de um dos fundamentos indicados no art. 101, n. III, da Constituição, a admissão apenas por um deles não prejudica o seu conhecimento por qualquer dos outros.
Recurso extraordinário (CF, art. 102, III): Admissão do RE por um de seus fundamentos, pelo tribunal de origem, não impede a sua integral análise pelo Supremo Tribunal Federal

293

RE 38644 EI

São inadmissíveis embargos infringentes contra decisão em matéria constitucional submetida ao plenário dos Tribunais.
(Ver o art. 609, § único, do CPP)

296

RE 42774 EI

São inadmissíveis embargos infringentes sobre matéria não ventilada, pela Turma, no julgamento do recurso extraordinário.

299

RMS 9749

O recurso ordinário e o extraordinário interpostos no mesmo processo de mandado de segurança, ou de habeas corpus, serão julgados conjuntamente pelo Tribunal Pleno.

300

AI 20084 EI

São incabíveis os embargos da L. 623, de 19.2.49, contra provimento de agravo para subida de recurso extraordinário.
Embargos de divergência: descabimento contra decisão de provimento de agravo em recurso extraordinário

317

RE 51176 EI-ED

São improcedentes os embargos declaratórios, quando não pedida a declaração do julgado anterior, em que se verificou a omissão.

319

RMS 8628

O prazo do recurso ordinário para o Supremo Tribunal Federal, em habeas corpus ~~ou mandado de segurança~~, é de cinco dias.
Prazo do recurso ordinário para o STF em habeas corpus: 5 dias (corridos), com fulcro no art. 310 do RISTF.

322

RMS 11232 agr

Não terá seguimento pedido ou recurso dirigido ao Supremo Tribunal Federal, quando manifestamente incabível, ou apresentado fora do prazo, ou quando for evidente a incompetência do Tribunal.

330

MS 4602

O Supremo Tribunal Federal não é competente para conhecer de mandado de segurança contra atos dos Tribunais de Justiça dos Estados.

MS contra ato do TJ é julgado pelo próprio TJ (STF, 624)

344

RHC 39829

Sentença de primeira instância concessiva de habeas corpus, em caso de crime praticado em detrimento de bens, serviços ou interesses da União, está sujeita a recurso *ex officio*.

Habeas corpus concedido em caso de crime em detrimento da União: remessa necessária (CPP, art. 574, I)

351

RHC 40385

É nula a citação por edital de réu preso na mesma unidade da Federação em que o juiz exerce a sua jurisdição.

353

RE 44665 EDv

São incabíveis os embargos da L. 623, de 19.2.49, com fundamento em divergência entre decisões da mesma Turma do Supremo Tribunal Federal.

354

RE 47560

Em caso de embargos infringentes parciais, é definitiva a parte da decisão embargada em que não houve divergência na votação.

Embargos infringentes penais: parte não embargada torna-se definitiva (CPP, art. 609).

355

RE 52530

Em caso de embargos infringentes parciais, é tardio o recurso extraordinário interposto após o julgamento dos embargos, quanto à parte da decisão embargada que não fora por eles abrangida.

Embargos infringentes penais: RE intempestivo quanto à parte não embargada e julgada (CPP, art. 609).

356

RE 53962

O ponto omisso da decisão, sobre o qual não foram opostos embargos declaratórios, não pode ser objeto de recurso extraordinário, por faltar o requisito do prequestionamento.

361

HC 39290

No processo penal, é nulo o exame realizado por um só perito, considerando-se impedido o que tiver funcionado, anteriormente, na diligência de apreensão.

Se a perícia for realizada por perito oficial: basta um único perito. Se a perícia for realizada por perito não oficial: serão necessários dois peritos não oficiais. (CPP, art. 159, *caput*, e § 1º)

366

RHC 39959

Não é nula a citação por edital que indica o dispositivo da lei penal, embora não transcreva a denúncia ou queixa, ou não resuma os fatos em que se baseia.

368

Rcl 240 primeira-agr

Não há embargos infringentes no processo de reclamação.

Embargos infringentes em reclamação: descabimento (CPP, art. 609)

393

HC 40394

Para requerer revisão criminal, o condenado não é obrigado a recolher-se à prisão.

395

RHC 40178

Não se conhece de recurso de habeas corpus cujo objeto seja resolver sobre o ônus das custas, por não estar mais em causa a liberdade de locomoção.

397

HC 40382

O poder de polícia da Câmara dos Deputados e do Senado Federal, em caso de crime cometido nas suas dependências, compreende, consoante o regimento, a prisão em flagrante do acusado e a realização do inquérito.

399

RE 53791

Não cabe recurso extraordinário, por violação de lei federal, quando a ofensa alegada for a regimento de tribunal.

"Inviável a análise, em recurso especial, do preceito regimental, pois não se enquadra no conceito de lei federal, por aplicação analógica da Súmula 399/STF" (REsp 1.316.889/RS, julgado em 19/9/2013).

400

AI 29343

Decisão que deu razoável interpretação à lei, ainda que não seja a melhor, não autoriza recurso extraordinário pela letra a do art. 101, III, da C.F.

Quando a súmula fala em recurso extraordinário, deve-se ler, atualmente, recurso especial. Isso porque o enunciado é anterior à CF/88, época em que as questões federais eram também decididas pelo STF por meio de recurso extraordinário.

O art. 101, III acima mencionado refere-se à CF/1946. Na CF/88 corresponde ao art. 105, III.

421

Ext 228

Não impede a extradição a circunstância de ser o extraditando casado com brasileira ou ter filho brasileiro.

422

HC 40228

A absolvição criminal não prejudica a medida de segurança, quando couber, ainda que importe privação da liberdade.

A sentença que aplica medida de segurança ao réu é considerada como absolutória imprópria (art. 386, parágrafo único, III, do CPP).

431

HC 40315

É nulo o julgamento de recurso criminal, na segunda instância, sem prévia intimação, ou publicação da pauta, salvo em habeas corpus.

"Por não depender de pauta, a jurisprudência desta Corte tem acolhido a tese de que somente haverá nulidade do julgamento de habeas corpus, por ausência de comunicação prévia, quando a defesa requerer que seja cientificada da data do julgamento. Assim, ausente requerimento de sustentação oral, não há falar em cerceamento de defesa". (STF. 2ª Turma. RHC 124313, Rel. Min. Teori Zavascki, julgado em 10/3/2015).

448

RE 54296

O prazo para o assistente recorrer, supletivamente, começa a correr imediatamente após o transcurso do prazo do Ministério Público.

Se o assistente já estava habilitado nos autos: o prazo de recurso será de 5 dias (art. 593 do CPP). Se ainda não estava habilitado: o prazo será de 15 dias (art. 598, parágrafo único, do CPP).

451

HC 40382

A competência especial por prerrogativa de função não se estende ao crime cometido após a cessação definitiva do exercício funcional.

453

RE 55932

Não se aplicam à segunda instância o art. 384 e parágrafo único do Código de Processo Penal, que possibilitam dar nova definição jurídica ao fato delituoso, em virtude de circunstância elementar não contida, explícita ou implicitamente, na denúncia ou queixa.

A *mutatio libelli* ocorre quando, no curso da instrução processual, surge prova de alguma elementar ou circunstância que não havia sido narrada expressamente na denúncia ou queixa. (CPP, 384): descabe em segunda instância (supressão).

455

RE 50039 EI-agr

Da decisão que se seguir ao julgamento de constitucionalidade pelo Tribunal Pleno, são inadmissíveis embargos infringentes quanto à matéria constitucional.

456

RE 56323

O Supremo Tribunal Federal, conhecendo do recurso extraordinário, julgará a causa, aplicando o direito à espécie.

497

RHC 45288

Quando se tratar de crime continuado, a prescrição regula-se pela pena imposta na sentença, não se computando o acréscimo decorrente da continuação.

CP, art. 119. No caso de concurso de crimes, a extinção da punibilidade incidirá sobre a pena de cada um, isoladamente.

498

RHC 45007

Compete à Justiça dos Estados, em ambas as instâncias, o processo e o julgamento dos crimes contra a economia popular.

499

HC 45499

Não obsta à concessão do "sursis" condenação anterior à pena de multa.
"Sursis": CP, art. 77, § 1º.

520

HC 46290

Não exige a lei que, para requerer o exame a que se refere o art. 777 do Código de Processo Penal, tenha o sentenciado cumprido mais de metade do prazo da medida de segurança imposta.

522

CJ 4734

Salvo ocorrência de tráfico para o Exterior, quando, então, a competência será da Justiça Federal, compete à Justiça dos Estados o processo e julgamento dos crimes relativos a entorpecentes.

523

RHC 45336

No processo penal, a falta da defesa constitui nulidade absoluta, mas a sua deficiência só o anulará se houver prova de prejuízo para o réu.

524

HC 44270

Arquivado o inquérito policial, por despacho do juiz, a requerimento do promotor de justiça, não pode a ação penal ser iniciada, sem novas provas.
CPP, art. 18: arquivamento do inquérito policial e novas provas

525

RE 63207

A medida de segurança não será aplicada em segunda instância, quando só o réu tenha recorrido.
Se o réu foi condenado a uma pena e somente a defesa recorreu, o Tribunal não poderá aplicar medida de segurança sem que isso tenha sido pedido, por representar *reformatio in pejus*.

528

AI 31489 ED-edv

Se a decisão contiver partes autônomas, a admissão parcial, pelo Presidente do Tribunal *a quo*, de recurso extraordinário que, sobre qualquer delas se manifestar, não limitará a apreciação de todas pelo Supremo Tribunal Federal, independentemente de interposição de agravo de instrumento.

ATENÇÃO! O STJ aplica, por analogia, as Súmulas 292 e 528 do STF para o recurso especial. Assim, a admissão parcial do recurso especial pelo Tribunal de origem não é empecilho para sua integral análise pelo STJ, sendo desnecessária a interposição de agravo de instrumento (AgRg no Ag 1126245/SP, julgado em 28/5/2013).

554

RE 83356

O pagamento de cheque emitido sem provisão de fundos, após o recebimento da denúncia, não obsta ao prosseguimento da ação penal.

No delito de estelionato na modalidade fraude mediante o pagamento em cheque, a realização do pagamento do valor relativo ao título até o recebimento da denúncia impede o prosseguimento da ação penal.

592

RHC 51122

Nos crimes falimentares, aplicam-se as causas interruptivas da prescrição, previstas no Código Penal.

Crimes falimentares: art. 182 da Lei n. 11.101/2005

594

RE 81796

Os direitos de queixa e de representação podem ser exercidos, independentemente, pelo ofendido ou por seu representante legal.

O ofendido, ao completar 18 anos, poderá exercer a representação mesmo que seu representante legal não o tenha feito quando ele era menor (prazo de 6 meses)

597

RE 85339

Não cabem embargos infringentes de acórdão que, em mandado de segurança decidiu, por maioria de votos, a apelação.

598

RE 65817 ED-edv

Nos embargos de divergência não servem como padrão de discordância os mesmos paradigmas invocados para demonstrá-la mas repelidos como não dissidentes no julgamento do recurso extraordinário.

603

HC 57387

A competência para o processo e julgamento de latrocínio é do juiz singular e não do Tribunal do Júri.

606

HC 57378

Não cabe habeas corpus originário para o Tribunal Pleno de decisão de Turma, ou do Plenário, proferida em habeas corpus ou no respectivo recurso.

609

RHC 56600

É pública incondicionada a ação penal por crime de sonegação fiscal

610

HC 57420

Há crime de latrocínio, quando o homicídio se consuma, ainda que não realize o agente a subtração de bens da vítima.
Latrocínio consumado, mesmo sem a subtração do bem, mas com o homicídio consumado.

611

RE 88834

Transitada em julgado a sentença condenatória, compete ao juízo das execuções a aplicação de lei mais benigna. (LEP, art. 66, I).

634

Pet 1863 QO

Não compete ao Supremo Tribunal Federal conceder medida cautelar para dar efeito suspensivo a recurso extraordinário que ainda não foi objeto de juízo de admissibilidade na origem.

635

Rcl 1509

Cabe ao Presidente do Tribunal de origem decidir o pedido de medida cautelar em recurso extraordinário ainda pendente do seu juízo de admissibilidade.

636

RE 231085

Não cabe recurso extraordinário por contrariedade ao princípio constitucional da legalidade, quando a sua verificação pressuponha rever a interpretação dada a normas infraconstitucionais pela decisão recorrida.

Se a parte interpuser RE, e o STF considerar que a ofensa à CF/88 foi apenas reflexa, a Corte deverá remeter o recurso ao STJ para que lá ele seja apreciado como recurso especial (CPC, art. 1.033).

640

Rcl 459

É cabível recurso extraordinário contra decisão proferida por juiz de primeiro grau nas causas de alçada, ou por turma recursal de juizado especial cível e criminal.

Cabe RE contra acórdão de turma recursal criminal. Não cabe REsp.

690

HC 79570 QO

Compete originariamente ao Supremo Tribunal Federal o julgamento de habeas corpus contra decisão de turma recursal de juizados especiais criminais.

693

HC 73758

Não cabe habeas corpus contra decisão condenatória a pena de multa, ou relativo a processo em curso por infração penal a que a pena pecuniária seja a única cominada.

Com a nova redação do art. 51 do Código Penal, a pena de multa não mais pode ser convertida em pena de detenção, passando a ser considerada dívida de valor e executada como dívida ativa da Fazenda Pública; em consequência, não mais cabe "habeas corpus" quando o paciente é apenado, exclusivamente, com pena de multa, eis que não há como surgir a hipótese de constrição ilegal à sua liberdade de locomoção.

695

HC 71035

Não cabe habeas corpus quando já extinta a pena privativa de liberdade.

696

HC 75343

Reunidos os pressupostos legais permissivos da suspensão condicional do processo, mas se recusando o Promotor de Justiça a propô-la, o Juiz, dissentindo, remeterá a questão ao Procurador-Geral, aplicando-se por analogia o art. 28 do Código de Processo Penal.

Atenção! CPP: Art. 28. Ordenado o arquivamento do inquérito policial ou de quaisquer elementos informativos da mesma natureza, o órgão do Ministério Público comunicará à vítima, ao investigado e à autoridade policial e encaminhará os autos para a instância de revisão ministerial para fins de homologação, na forma da lei.

700

RHC 80563

É de cinco dias o prazo para interposição de agravo contra decisão do juiz da execução penal.

Agravo em execução: prazo de 5 dias corridos.

701

HC 76660

No mandado de segurança impetrado pelo Ministério Público contra decisão proferida em processo penal, é obrigatória a citação do réu como litisconsorte passivo.

702

HC 78728

A competência do Tribunal de Justiça para julgar prefeitos restringe-se aos crimes de competência da Justiça comum estadual; nos demais casos, a competência originária caberá ao respectivo tribunal de segundo grau.

Os Tribunais Regionais Federais são competentes para processar e julgar prefeitos municipais por infrações praticadas em detrimento de bens, serviços ou interesse da União (Constituição, artigo 109, IV), assim entendidas também aquelas relativas à malversação de verbas recebidas da União sob condição e sujeitas a prestação de contas e ao controle do Tribunal de Contas da União.

703

HC 70671

A extinção do mandato do prefeito não impede a instauração de processo pela prática dos crimes previstos no art. 1° do D.L. 201/67.

704

HC 68846

Não viola as garantias do juiz natural, da ampla defesa e do devido processo legal a atração por continência ou conexão do processo do corréu ao foro por prerrogativa de função de um dos denunciados. Princípios da conexão e continência, e tendo em vista, ainda, a jurisdição de maior graduação (art. 78, III, do CPP).

705

HC 76524

A renúncia do réu ao direito de apelação, manifestada sem a assistência do defensor, não impede o conhecimento da apelação por este interposta.

"Havendo divergência entre o condenado e seu defensor quanto ao desejo de recorrer, deve prevalecer a vontade de quem detém os conhecimentos técnicos e visualiza a viabilidade recursal, prestigiando-se o princípio do duplo grau de jurisdição e da ampla defesa" (HC 235.498/SP, julgado em 12/06/2012).

706

HC 70615

É relativa a nulidade decorrente da inobservância da competência penal por prevenção.

707

HC 67755

Constitui nulidade a falta de intimação do denunciado para oferecer contrarrazões ao recurso interposto da rejeição da denúncia, não a suprindo a nomeação de defensor dativo.

708

HC 76255

É nulo o julgamento da apelação se, após a manifestação nos autos da renúncia do único defensor, o réu não foi previamente intimado para constituir outro.

709

HC 80230

Salvo quando nula a decisão de primeiro grau, o acórdão que provê o recurso contra a rejeição da denúncia vale, desde logo, pelo recebimento dela.

Por analogia: CPC, art. 1.008. O julgamento proferido pelo tribunal substituirá a decisão impugnada no que tiver sido objeto de recurso.

710

RHC 80568

No processo penal, contam-se os prazos da data da intimação, e não da juntada aos autos do mandado ou da carta precatória ou de ordem.

Essa súmula vale também para os prazos recursais. Assim, o início da contagem do prazo para interposição da apelação conta-se da intimação da sentença, e não da juntada aos autos do mandado respectivo (STJ, HC 217.554/SC, julgado em 19/6/2012).

711

HC 76382

A lei penal mais grave aplica-se ao crime continuado ou ao crime permanente, se a sua vigência é anterior à cessação da continuidade ou da permanência.

712

HC 71059

É nula a decisão que determina o desaforamento de processo da competência do júri sem audiência da defesa.

713

HC 76338

O efeito devolutivo da apelação contra decisões do Júri é adstrito aos fundamentos da sua interposição.

Não prevalece de forma absoluta, no processo penal, o princípio *tantum devolutum quantum appellatum*, razão pela qual, de forma dominante na jurisprudência, o tribunal não fica impedido de reformar a decisão em decorrência da análise plena do julgado, mesmo constatado recurso exclusivo da acusação, desde que verificado e fundamentado equívoco nela apontado, e que beneficie o réu, o que é feito por força do artigo 617 do CPP, a *contrario sensu*, que permite concluir ser vedada somente a *reformatio in pejus* e não a *reformatio in mellius*. A exceção a essa regra, por decisão de entendimento consolidado pela Corte Suprema, diz respeito às apelações contra as decisões do Júri.

714

Inq 726 agr

É concorrente a legitimidade do ofendido, mediante queixa, e do Ministério Público, condicionada à representação do ofendido, para a ação penal por crime contra a honra de servidor público em razão do exercício de suas funções.

715

RE 111489

A pena unificada para atender ao limite de ~~trinta anos~~ [40 anos] de cumprimento, determinado pelo art. 75 do Código Penal, não é considerada para a concessão de outros benefícios, como o livramento condicional ou regime mais favorável de execução.

A unificação no limite legal (Código Penal, art. 75 e § 1º) opera, tão-só, para fins de exaurimento da execução e não para outros institutos ou incidentes desta.

716

HC 72799

Admite-se a progressão de regime de cumprimento da pena ou a aplicação imediata de regime menos severo nela determinada, antes do trânsito em julgado da sentença condenatória.

Réu preso processualmente (provisoriamente) que já faz jus à progressão de regime.

717

HC 72565

Não impede a progressão de regime de execução da pena, fixada em sentença não transitada em julgado, o fato de o réu se encontrar em prisão especial.

718

HC 80192

A opinião do julgador sobre a gravidade em abstrato do crime não constitui motivação idônea para a imposição de regime mais severo do que o permitido segundo a pena aplicada.

719

HC 77613

A imposição do regime de cumprimento mais severo do que a pena aplicada permitir exige motivação idônea.

720

RHC 80362

O art. 309 do Código de Trânsito Brasileiro, que reclama decorra do fato perigo de dano, derrogou o art. 32 da Lei das Contravenções Penais no tocante à direção sem habilitação em vias terrestres.

Art. 309. Dirigir veículo automotor, em via pública, sem a devida Permissão para Dirigir ou Habilitação ou, ainda, se cassado o direito de dirigir, gerando perigo de dano: Penas - detenção, de seis meses a um ano, ou multa.

721

HC 78168

A competência constitucional do Tribunal do Júri prevalece sobre o foro por prerrogativa de função estabelecido exclusivamente pela Constituição estadual.

723

HC 80811

Não se admite a suspensão condicional do processo por crime continuado, se a soma da pena mínima da infração mais grave com o aumento mínimo de um sexto for superior a um ano.

727

Rcl 642

Não pode o magistrado deixar de encaminhar ao Supremo Tribunal Federal o agravo de instrumento interposto da decisão que não admite recurso extraordinário, ainda que referente a causa instaurada no âmbito dos juizados especiais.

Agravo em recurso extraordinário (CPC, art. 1.042): encaminhamento obrigatório ao Supremo Tribunal Federal. (Ver o CPC, art. 988, I).

734

Rcl 1108 AgR

Não cabe reclamação quando já houver transitado em julgado o ato judicial que se alega tenha desrespeitado decisão do Supremo Tribunal Federal.

735

RE 232387

Não cabe recurso extraordinário contra acórdão que defere medida liminar.

Segundo o STF, se a decisão é interlocutória, isso significa que a causa ainda não foi decidida. Logo, tal situação não se enquadra no art. 102, III, da CF/88 ("julgar, mediante recurso extraordinário, as causas decididas em única ou última instância") (STF, RE 606.305 Agr). Natureza precária da decisão, que pode ser revogada.

STJ – TESES DOS RECURSOS REPETITIVOS

20

REsp 1107314/PR

Questiona-se se a prestação de serviços à comunidade pode ser fixada como condição para o cumprimento da pena em regime aberto.

É inadmissível a fixação de pena substitutiva (art. 44 do CP) como condição especial ao regime aberto. (Súmula 493/STJ).

157

REsp 1709029/MG

Discute-se a aplicação do princípio da insignificância, tendo em vista o valor dos tributos devidos, nos termos da Lei nº 10.522/02.

Incide o princípio da insignificância aos crimes tributários federais e de descaminho quando o débito tributário verificado não ultrapassar o limite de R$20.000,00 (vinte mil reais), a teor do disposto no art. 20 da Lei n. 10.522/2002, com as atualizações efetivadas pelas Portarias 75 e 130, ambas do Ministério da Fazenda.

177

Pet 11805/DF

REsp 1097042/DF

Natureza da ação penal nos crimes de lesão corporal cometidos contra a mulher, no âmbito doméstico e familiar.

A ação penal nos crimes de lesão corporal leve cometidos em detrimento da mulher, no âmbito doméstico e familiar, é pública condicionada à representação da vítima.

190

REsp 1117068/PR

REsp 1117073/PR

Questão referente à fixação da pena abaixo do mínimo legal na segunda fase da dosimetria, bem como a determinação de que o percentual de redução previsto no § 4º do art. 33 da Lei n. 11.343/2006, incida sobre o caput do mesmo artigo, caso seja mais benéfico ao paciente.

O critério trifásico de individualização da pena, trazido pelo art. 68 do Código Penal, não permite ao Magistrado extrapolar os marcos mínimo e máximo abstratamente cominados para a aplicação da sanção penal.

191

REsp 1117068/PR

REsp 1102468/SC

Questão referente à fixação da pena abaixo do mínimo legal na segunda fase da dosimetria, bem como a determinação de que o percentual de redução previsto no § 4º do art. 33 da Lei n. 11.343/2006, incida sobre o *caput* do mesmo artigo, caso seja mais benéfico ao paciente.

É cabível a aplicação retroativa da Lei n. 11.343/2006, desde que o resultado da incidência das suas disposições, na íntegra, seja mais favorável ao réu do que o advindo da utilização da Lei 6.368/76, sendo vedada a combinação de leis. (Súmula 501/STJ).

220

REsp 914253/SP

Questão referente à impossibilidade de decretação da prisão civil do depositário infiel.

Descabe a prisão civil do depositário judicial infiel. (Súmula 419/STJ).

221

REsp 1127954/DF

Questiona-se se o crime de corrupção de menores afigura-se formal: é que o resultado ínsito ao art. 1º. da Lei 2.252/54 – a corrupção, a degradação moral do menor – evidencia-se da consumação ou mesmo da tentativa, do próprio ilícito perpetrado pelo agente ativo com a colaboração – de qualquer espécie – de pessoa com menos de 18 (dezoito) anos.

A configuração do crime do art. 244-B do ECA independe da prova da efetiva corrupção do menor, por se tratar de delito formal. (Súmula 500/STJ).

285

REsp 1131805/SC

Questão referente à validade da intimação na qual, malgrado conste o nome correto do advogado, há equívoco quanto ao número de inscrição na OAB.

A ausência ou o equívoco quanto ao número da inscrição do advogado na Ordem dos Advogados do Brasil (OAB) não gera nulidade da intimação da sentença, máxime quando corretamente publicados os nomes das partes e respectivos patronos, informações suficientes para a identificação da demanda.

286

REsp 1131805/SC

Questão referente à validade da intimação na qual, malgrado conste o nome correto do advogado, há equívoco quanto ao número de inscrição na OAB.

A ausência ou o equívoco quanto ao número da inscrição do advogado na Ordem dos Advogados do Brasil (OAB) não gera nulidade da intimação da sentença, máxime quando corretamente publicados os nomes das partes e respectivos patronos, informações suficientes para a identificação da demanda. Nada obstante, é certo que a existência de homonímia torna relevante o equívoco quanto ao número da inscrição na OAB, uma vez que a parte é induzida em erro, sofrendo prejuízo imputável aos serviços judiciários.

376

REsp 1148296/SP

Questão referente à necessidade de intimação do agravado para responder ao recurso, nos termos do art. 527, I, do CPC.

A intimação da parte agravada para resposta é procedimento natural de preservação do princípio do contraditório, nos termos do art. 527, V, do CPC. (...) A dispensa do referido ato processual ocorre tão-somente quando o relator nega seguimento ao agravo (art. 527, I), uma vez que essa decisão beneficia o agravado, razão pela qual conclui-se que a intimação para a apresentação de contrarrazões é condição de validade da decisão que causa prejuízo ao recorrente.

377

REsp 1148296/SP

Questão referente à necessidade de intimação do agravado para responder ao recurso, nos termos do art. 527, I, do CPC.

A intimação da parte agravada para resposta é procedimento natural de preservação do princípio do contraditório, nos termos do art. 527, V, do CPC. (...) A dispensa do referido ato processual ocorre tão-somente quando o relator nega seguimento ao agravo (art. 527, I), uma vez que essa decisão beneficia o agravado, razão pela qual conclui-se que a intimação para a apresentação de contrarrazões é condição de validade da decisão que causa prejuízo ao recorrente.

430

REsp 1119872/RJ

Definir se o *mandamus* não pode ser impetrado contra lei em tese.

No pertinente à impetração de ação mandamental contra lei em tese, a jurisprudência desta Corte Superior, embora reconheça a possibilidade de mandado de segurança invocar a inconstitucionalidade da norma como fundamento para o pedido, não admite que a declaração de inconstitucionalidade, constitua, ela própria, pedido autônomo.

445

REsp 1544036/RJ

Proposta de revisão da tese firmada pela Terceira Seção no REsp 1.176.264/RJ e no REsp 1.166.251/RJ, quanto à possibilidade de concessão de saídas temporárias automatizadas em execuções penais.

Primeira tese: É recomendável que cada autorização de saída temporária do preso seja precedida de decisão judicial motivada. Entretanto, se a apreciação individual do pedido estiver, por deficiência exclusiva do aparato estatal, a interferir no direito subjetivo do apenado e no escopo ressocializador da pena, deve ser reconhecida, excepcionalmente, a possibilidade de fixação de calendário anual de saídas temporárias por ato judicial único, observadas as hipóteses de revogação automática do art. 125 da LEP. (Súmula 520 do STJ)

Segunda tese: O calendário prévio das saídas temporárias deverá ser fixado, obrigatoriamente, pelo Juízo das Execuções, não se lhe permitindo delegar à autoridade prisional a escolha das datas específicas nas quais o apenado irá usufruir os benefícios. Inteligência da Súmula n. 520 do STJ.

Terceira tese: Respeitado o limite anual de 35 dias, estabelecido pelo art. 124 da LEP, é cabível a concessão de maior número de autorizações de curta duração.

Quarta tese: As autorizações de saída temporária para visita à família e para participação em atividades que concorram para o retorno ao convívio social, se limitadas a cinco vezes durante o ano, deverão observar o prazo mínimo de 45 dias de intervalo entre uma e outra. Na hipótese de maior número de saídas temporárias de curta duração, já intercaladas durante os doze meses do ano e muitas vezes sem pernoite, não se exige o intervalo previsto no art. 124, § 3°, da LEP.

446

REsp 1111566/DF

Questão referente à legítima recusa do suspeito a soprar o etilômetro ou a fornecer sangue para a alcoolemia.

O indivíduo não pode ser compelido a colaborar com os referidos testes do 'bafômetro' ou do exame de sangue, em respeito ao princípio segundo o qual ninguém é obrigado a se autoincriminar (*nemo tenetur se detegere*).

447

REsp 1111566/DF

Discute-se o argumento de que a inclusão, efetivada pela Lei 11.705/08 ao artigo 306 do CTB, de concentração equivalente a 6 decigramas de álcool por litro de sangue, não significa, de forma alguma, abrandamento da norma penal. Cria, na realidade, apenas maior dificuldade para comprovação fática daquilo que se contém na denúncia. O tipo penal do art. 306 do Código de Trânsito Brasileiro é formado, entre outros, por um elemento objetivo, de natureza exata, que não permite a aplicação de critérios subjetivos de interpretação, qual seja, o índice de 6 decigramas de álcool por litro de sangue. O grau de embriaguez é elementar objetiva do tipo, não configurando a conduta típica o exercício da atividade em qualquer outra concentração inferior àquela determinada pela lei, emanada do Congresso Nacional. O decreto regulamentador, podendo elencar quaisquer meios de prova que considerasse hábeis à tipicidade da conduta, tratou especificamente de 2 (dois) exames por métodos técnicos e científicos que poderiam ser realizados em aparelhos homologados pelo CONTRAN, quais sejam, o exame de sangue e o etilômetro.

561

REsp 1193194/MG
REsp 1193932/MG
REsp 1193558/MG
REsp 1193554/MG

Furto qualificado pelo concurso de agentes. Compatibilidade com a modalidade privilegiada prevista no art. 155, § 2º, do CP. Afigura-se absolutamente possível o reconhecimento do privilégio previsto no § 2º do art. 155 do Código Penal nos casos de furto qualificado (CP, art. 155, § 4º), máxime se presente qualificadora de ordem objetiva, a primariedade do réu e, também, o pequeno valor da *res furtiva*. (Súmula 511/STJ).

581

REsp 1110520/SP

Questão relativa à natureza hedionda dos crimes de estupro e atentado violento ao pudor quando praticados na forma simples.
Os crimes de estupro e atentado violento ao pudor praticados antes da edição da Lei nº 12.015/2009, ainda que em sua forma simples, configuram modalidades de crime hediondo.

585

REsp 1947845/SP
REsp 1341370/MT
REsp 1931145/SP

Proposta de Revisão de Entendimento firmado em tese repetitiva pela Terceira Seção relativa ao Tema 585/STJ, para fins de adequar a redação à hipótese de multirreincidência, com delimitação dos efeitos da compensação para ambas as espécies de reincidência (genérica e específica).

É possível, na segunda fase da dosimetria da pena, a compensação integral da atenuante da confissão espontânea com a agravante da reincidência, seja ela específica ou não. Todavia, nos casos de multirreincidência, deve ser reconhecida a preponderância da agravante prevista no art. 61, I, do Código Penal, sendo admissível a sua compensação proporcional com a atenuante da confissão espontânea, em estrito atendimento aos princípios da individualização da pena e da proporcionalidade.

593

REsp 1193196/MG

Penal e processo penal. Recurso especial. Ofensa ao art. 184, § 2°, do CP. Mercancia de CD's e DVD's "piratas". Atipicidade da conduta em face do princípio da adequação social.

Considera-se típica, formal e materialmente, a conduta prevista no artigo 184, § 2º, do Código Penal, afastando, assim, a aplicação do princípio da adequação social, de quem expõe à venda CD's E DVD's 'piratas'. (Súmula 502/STJ).

596

REsp 1311408/RN

Posse ilegal de arma de fogo de uso permitido com numeração raspada, suprimida ou adulterada (art. 16, parágrafo único, IV, da Lei n. 10.826/2003). *Abolitio criminis* temporária. Prorrogações. Termo final.

É típica a conduta de possuir arma de fogo de uso permitido com numeração, marca ou qualquer outro sinal de identificação raspado, suprimido ou adulterado, praticada após 23/10/2005, pois, em relação a esse delito, a *abolitio criminis* temporária cessou nessa data, termo final da prorrogação dos prazos previstos na redação original dos arts. 30 e 32 da Lei n. 10.826/2003. (Súmula 513/STJ).

600

Pet 11796/DF

Discute-se o caráter hediondo do delito descrito no art. 33, caput, c.c. o § 4.º, da Lei n.º 11.343/2006.

O tráfico ilícito de drogas na sua forma privilegiada (art. 33, § 4º, da Lei n. 11.343/2006) não é crime equiparado a hediondo, revisando o entendimento consolidado por ocasião do julgamento do REsp n. 1.329.088/RS - Tema 600, com o consequente cancelamento do enunciado 512 da Súmula deste Superior Tribunal de Justiça.

646

REsp 1362524/MG

Direito penal. Art. 307 do CP. Prisão em flagrante. Falsa identificação perante autoridade policial. Autodefesa. Inexistência. Tipicidade da conduta de falsa identidade.

É típica a conduta de atribuir-se falsa identidade perante autoridade policial, ainda que em situação de alegada autodefesa (art. 307 do CP). (Súmula 522/STJ).

652

REsp 1378557/RS

REsp 1379049/RS

REsp 1378593/RS

Questão referente à necessidade de instauração do procedimento administrativo disciplinar (PAD) para o reconhecimento de falta grave.

Para o reconhecimento da prática de falta disciplinar, no âmbito da execução penal, é imprescindível a instauração de procedimento administrativo pelo diretor do estabelecimento prisional, assegurado o direito de defesa, a ser realizado por advogado constituído ou defensor público nomeado. (Súmula 533/STJ).

Tema 941/STF: A oitiva do condenado pelo Juízo da Execução Penal, em audiência de justificação realizada na presença do defensor e do Ministério Público, afasta a necessidade de prévio Procedimento Administrativo Disciplinar (PAD), assim como supre eventual ausência ou insuficiência de defesa técnica no PAD instaurado para apurar a prática de falta grave durante o cumprimento da pena.

655

REsp 1336561/RS

REsp 1365801/RS

Prática de crime doloso. Falta grave. Discussão acerca da necessidade de trânsito em julgado da sentença penal condenatória para o reconhecimento da infração disciplinar.

O reconhecimento de falta grave decorrente do cometimento de fato definido como crime doloso no cumprimento da pena prescinde do trânsito em julgado de sentença penal condenatória no processo penal instaurado para apuração do fato. (Súmula 526/STJ).

698

REsp 1410839/SC

Discussão quanto ao cabimento da aplicação de multa em Embargos de Declaração que visavam suprir o requisito do prequestionamento viabilizador do Recurso Especial, nos termos da Súmula 98 do Superior Tribunal de Justiça.

Caracterizam-se como protelatórios os embargos de declaração que visam rediscutir matéria já apreciada e decidida pela Corte de origem em conformidade com súmula do STJ ou STF ou, ainda, precedente julgado pelo rito dos artigos 543-C e 543-B, do CPC.

709

REsp 1364192/RS

REsp 1104164/SP

Estabelecer se a prática de falta grave importaria na interrupção dos prazos para a obtenção de benefícios na execução penal, modificando, assim, a data-base da sua contagem.

1. A prática de falta grave interrompe o prazo para a progressão de regime, acarretando a modificação da data-base e o início de nova contagem do lapso necessário para o preenchimento do requisito objetivo. (Súmula 534/STJ).

2. Em se tratando de livramento condicional, não ocorre a interrupção do prazo pela prática de falta grave. Aplicação da Súmula 441/STJ.

3. Também não é interrompido automaticamente o prazo pela falta grave no que diz respeito à comutação de pena ou indulto, mas a sua concessão deverá observar o cumprimento dos requisitos previstos no decreto presidencial pelo qual foram instituídos. (Súmula 535/STJ).

901

REsp 1485830/MG

Discute se o crime do art. 310 do Código de Trânsito Brasileiro seria de perigo abstrato ou exigiria a demonstração de ocorrência de perigo concreto.

É de perigo abstrato o crime previsto no art. 310 do Código de Trânsito Brasileiro. Assim, não é exigível, para o aperfeiçoamento do crime, a ocorrência de lesão ou de perigo de dano concreto na conduta de quem permite, confia ou entrega a direção de veículo automotor a pessoa não habilitada, com habilitação cassada ou com o direito de dirigir suspenso, ou ainda a quem, por seu estado de saúde, física ou mental, ou por embriaguez, não esteja em condições de conduzi-lo com segurança. (Súmula 575/STJ).

916

REsp 1499050/RJ

REsp 1483810/RJ

Discute se o crime de roubo, na situação em que o seu autor não teve a posse mansa e pacífica da coisa subtraída, deve ser considerado consumado ou apenas tentado.

Consuma-se o crime de roubo com a inversão da posse do bem, mediante emprego de violência ou grave ameaça, ainda que por breve tempo e em seguida a perseguição imediata ao agente e recuperação da coisa roubada, sendo prescindível a posse mansa e pacífica ou desvigiada. (Súmula 582/STJ).

917

REsp 1381315/RJ

É possível a remição de parte do tempo de execução da pena quando o condenado, em regime fechado ou semiaberto, desempenha atividade laborativa extramuros. (Ver a Súmula 562/STJ).

918

REsp 1480881/PI

Discute se a aquiescência da vítima menor de catorze anos possui relevância jurídico-penal a afastar a tipicidade do crime previsto no art. 217-A do Código Penal, acrescentado pela Lei n. 12.015, de 7 de agosto de 2009 – estupro de vulnerável.

Para a caracterização do crime de estupro de vulnerável previsto no art. 217-A, *caput*, do Código Penal, basta que o agente tenha conjunção carnal ou pratique qualquer ato libidinoso com pessoa menor de 14 anos. O consentimento da vítima, sua eventual experiência sexual anterior ou a existência de relacionamento amoroso entre o agente e a vítima não afastam a ocorrência do crime. (Súmula 593/STJ).

920

REsp 1498034/RS

REsp 1406624/RJ

Discussão: se a suspensão condicional do processo prevista no art. 89, § 4º, da Lei n. 9.099/1995 pode ser revogada após o término do benefício, se descumpridas, pelo réu, durante esse prazo, as condições impostas pelo magistrado.

Se descumpridas as condições impostas durante o período de prova da suspensão condicional do processo, o benefício poderá ser revogado, mesmo se já ultrapassado o prazo legal, desde que referente a fato ocorrido durante sua vigência.

924

REsp 1385621/MG

Estabelecer se a existência de sistema de vigilância, monitoramento ou segurança torna impossível a prática de furto cometido no interior de estabelecimento comercial.

A existência de sistema de segurança ou de vigilância eletrônica não torna impossível, por si só, o crime de furto cometido no interior de estabelecimento comercial. (Súmula 567/STJ).

926

REsp 1456239/MG

REsp 1485832/MG

Estabelecer se a materialidade do crime previsto no art. 184, § 2º, do Código Penal pode ser comprovada mediante laudo pericial feito por amostragem do produto apreendido, se a falsidade pode ser atestada por meio das características externas desse material e se é necessária a Identificação dos titulares dos direitos autorais violados.

É suficiente, para a comprovação da materialidade do delito previsto no art. 184, § 2º, do Código Penal, a perícia realizada, por amostragem, sobre os aspectos externos do material apreendido, sendo desnecessária a identificação dos titulares dos direitos autorais violados ou de quem os represente. (Súmula 574/STJ).

930

REsp 1498034/RS

Estabelecer se o acordo processual, na forma do art. 89, § 2º, da Lei n. 9.099/95, pode incluir o cumprimento de condições, aceitas pelo réu, consistentes em prestação pecuniária à vítima, fornecimento de cestas básicas, prestação de serviços à comunidade e outras injunções que, do ponto de vista prático, sejam equivalentes a penas restritivas de direitos. Não há óbice a que se estabeleçam, no prudente uso da faculdade judicial disposta no art. 89, § 2º, da Lei n. 9.099/1995, obrigações equivalentes, do ponto de vista prático, a sanções penais (tais como a prestação de serviços comunitários ou a prestação pecuniária), mas que, para os fins do *sursis* processual, se apresentam tão somente como condições para sua incidência.

931

REsp 2.090.454

O inadimplemento da pena de multa, após cumprida a pena privativa de liberdade ou restritiva de direitos, não obsta a extinção da punibilidade, ante a alegada hipossuficiência do condenado, salvo se diversamente entender o juiz competente, em decisão suficientemente motivada, que indique concretamente a possibilidade de pagamento da sanção pecuniária.

933

REsp 1378053/PR

Discute-se a incidência do princípio da consunção quando a falsificação de papéis públicos, crime de maior gravidade, assim considerado pela pena abstratamente cominada, é meio ou fase necessária ao descaminho, crime de menor gravidade.
Quando o falso se exaure no descaminho, sem mais potencialidade lesiva, é por este absorvido, como crime-fim, condição que não se altera por ser menor a pena a este cominada.

934

REsp 1524450/RJ

Discussão: se o crime de furto, na situação em que o seu autor não teve a posse mansa e pacífica da coisa subtraída, deve ser considerado consumado ou apenas tentado.
Consuma-se o crime de furto com a posse de fato da *res furtiva*, ainda que por breve espaço de tempo e seguida de perseguição ao agente, sendo prescindível a posse mansa e pacífica ou desvigiada.

959

REsp 1349935/SE

Discute-se se a intimação do Ministério Público, realizada em audiência, determina o início do cômputo do prazo para recorrer ou se o lapso recursal somente se inicia com a remessa dos autos com vista à instituição.

O termo inicial da contagem do prazo para impugnar decisão judicial é, para o Ministério Público, a data da entrega dos autos na repartição administrativa do órgão, sendo irrelevante que a intimação pessoal tenha se dado em audiência, em cartório ou por mandado.

983

REsp 1683324/DF

Reparação de natureza cível por ocasião da prolação da sentença condenatória nos casos de violência cometida contra mulher praticados no âmbito doméstico e familiar (dano moral).

Nos casos de violência contra a mulher praticados no âmbito doméstico e familiar, é possível a fixação de valor mínimo indenizatório a título de dano moral, desde que haja pedido expresso da acusação ou da parte ofendida, ainda que não especificada a quantia, e independentemente de instrução probatória.

984

REsp 1656322/SC

Obrigatoriedade ou não de serem observados, em feitos criminais, os valores estabelecidos na tabela organizada pelo respectivo Conselho Seccional da Ordem dos Advogados a título de verba advocatícia devida a advogados dativos.

1ª) As tabelas de honorários elaboradas unilateralmente pelos Conselhos Seccionais da OAB não vinculam o magistrado no momento de arbitrar o valor da remuneração a que faz jus o defensor dativo que atua no processo penal; servem como referência para o estabelecimento de valor que seja justo e que reflita o labor despendido pelo advogado;

2ª) Nas hipóteses em que o juiz da causa considerar desproporcional a quantia indicada na tabela da OAB em relação aos esforços despendidos pelo defensor dativo para os atos processuais praticados, poderá, motivadamente, arbitrar outro valor; 3ª) São, porém, vinculativas, quanto aos valores estabelecidos para os atos praticados por defensor dativo, as tabelas produzidas mediante acordo entre o Poder Público, a Defensoria Pública e a seccional da OAB.

4ª) Dado o disposto no art. 105, parágrafo único, II, da Constituição da República, possui caráter vinculante a Tabela de Honorários da Justiça Federal, assim como tabelas similares instituídas, eventualmente, pelos órgãos competentes das Justiças dos Estados e do Distrito Federal, na forma dos arts 96, I, e 125, § 1º, parte final, da Constituição da República.

992

REsp 1705149/RJ
REsp 1717022/RJ

É possível o cumprimento da medida socioeducativa até os 21 anos de idade, aplicada a adolescente em razão de fato praticado durante a menoridade.
A superveniência da maioridade penal não interfere na apuração de ato infracional nem na aplicabilidade de medida socioeducativa em curso, inclusive na liberdade assistida, enquanto não atingida a idade de 21 anos. (Súmula 605/STJ).

993

REsp 1710674/MG
REsp 1710893/MG

A inexistência de estabelecimento penal adequado ao regime prisional determinado para o cumprimento da pena não autoriza a concessão imediata do benefício da prisão domiciliar, porquanto, nos termos da Súmula Vinculante n° 56, é imprescindível que a adoção de tal medida seja precedida das providências estabelecidas no julgamento do RE n° 641.320/RS, quais sejam:
(i) saída antecipada de outro sentenciado no regime com falta de vagas, abrindo-se, assim, vagas para os reeducandos que acabaram de progredir;
(ii) a liberdade eletronicamente monitorada ao sentenciado que sai antecipadamente ou é posto em prisão domiciliar por falta de vagas; e
(iii) cumprimento de penas restritivas de direitos e/ou estudo aos sentenciados em regime aberto. (Ver o Tema 423/STF).

1006

REsp 1753512/PR
REsp 1753509/PR

Definição da data-base para progressão de regime prisional quando da superveniência de nova condenação no curso da execução da pena (unificação de penas).
A unificação de penas não enseja a alteração da data-base para concessão de novos benefícios executórios.

1036

REsp 1816353/RO

"A apreensão do instrumento utilizado na infração ambiental, fundada na atual redação do § 4° do art. 25 da Lei 9.605/1998, independe do uso específico, exclusivo ou habitual para a empreitada infracional".

1052

REsp 1619265/MG

Possibilidade de a menoridade ser comprovada pela menção à data de nascimento do suposto adolescente no boletim de ocorrência, a partir de simples declaração do depoente, sem referência a nenhum documento apresentado por ele ao agente policial que o qualificou.
Para ensejar a aplicação de causa de aumento de pena prevista no art. 40, VI, da Lei n. 11.343/2006 ou a condenação pela prática do crime previsto no art. 244-B da Lei n. 8.069/1990, a qualificação do menor, constante do boletim de ocorrência, deve trazer dados indicativos de consulta a documento hábil – como o número do documento de identidade, do CPF ou de outro registro formal, tal como a certidão de nascimento.

1060

REsp 1859933/SC

Caracterização do crime de desobediência quando a ordem de parada a veículo for emitida por policial no exercício de atividade ostensiva de segurança pública.
A desobediência à ordem de parada emanada de policiais militares em atividade de policiamento ostensivo, para a prevenção e repressão de crimes, constitui conduta penalmente típica, prevista no art. 330 do Código Penal Brasileiro.
Há determinação de suspensão de todos os recursos especiais e agravos em recurso especial, que versem acerca da questão delimitada (acórdão publicado no DJe de 4/9/2020).
RE 1400172: pendente de julgamento. Tema 1242/STF - Possibilidade ou não de se criminalizar a conduta daquele que descumpre ordem de parada, no contexto de atividade de policiamento ostensivo de segurança pública, com o fim deliberado de ocultar delito anterior, tendo em conta a garantia constitucional contra a autoincriminação.

1077

REsp 1794854/DF

Condenações criminais transitadas em julgado, não utilizadas para caracterizar a reincidência, somente podem ser valoradas, na primeira fase da dosimetria, a título de antecedentes criminais, não se admitindo sua utilização também para desvalorar a personalidade ou a conduta social do agente.
Condenações criminais transitadas em julgado, não consideradas para caracterizar a reincidência, somente podem ser valoradas, na primeira fase da dosimetria, a título de antecedentes criminais, não se admitindo sua utilização para desabonar a personalidade ou a conduta social do agente.

1084

REsp 1910240/MG

Reconhecimento da retroatividade das alterações promovidas pela Lei n. 13.964/2019 nos lapsos para progressão de regime, previstos na Lei de Execução Penal, dada a decorrente necessidade de avaliação da hediondez do delito, bem como da ocorrência ou não do resultado morte e a primariedade, a reincidência genérica ou, ainda, a reincidência específica do apenado.

É reconhecida a retroatividade do patamar estabelecido no art. 112, V, da Lei n. 13.964/2019, àqueles apenados que, embora tenham cometido crime hediondo ou equiparado sem resultado morte, não sejam reincidentes em delito de natureza semelhante.

Tema 1169/STF: Tendo em vista a legalidade e a taxatividade da norma penal (art. 5º, XXXIX, CF), a alteração promovida pela Lei 13.964/2019 no art. 112 da LEP não autoriza a incidência do percentual de 60% (inc. VII) aos condenados reincidentes não específicos para o fim de progressão de regime. Diante da omissão legislativa, impõe-se a analogia *in bonam partem*, para aplicação, inclusive retroativa, do inciso V do artigo 112 da LEP (lapso temporal de 40%) ao condenado por crime hediondo ou equiparado sem resultado morte reincidente não específico.

1087

REsp 1888756/SP

REsp 1890981/SP

REsp 1891007/RJ

A causa de aumento prevista no § 1° do art. 155 do Código Penal (prática do crime de furto no período noturno) não incide no crime de furto na sua forma qualificada (§ 4°).

1098

REsp 1890344/RS

1 - O Acordo de Não Persecução Penal constitui um negócio jurídico processual penal instituído por norma que possui natureza processual, no que diz respeito à possibilidade de composição entre as partes com o fim de evitar a instauração da ação penal, e, de outro lado, natureza material em razão da previsão de extinção da punibilidade de quem cumpre os deveres estabelecidos no acordo (art. 28-A, § 13, do Código de Processo Penal (CPP).

2 - Diante da natureza híbrida da norma, a ela deve se aplicar o princípio da retroatividade da norma pena benéfica (art. 5º, XL, da CF), pelo que é cabível a celebração de Acordo de Não Persecução Penal em casos de processos em andamento quando da entrada em vigor da Lei n. 13.964/2019, mesmo se ausente confissão do réu até aquele momento, desde que o pedido tenha sido feito antes do trânsito em julgado da condenação.

3 - Nos processos penais em andamento em 18/09/2024 (data do julgamento do HC n. 185.913/DF, pelo Plenário do Supremo Tribunal Federal), nos quais seria cabível em tese o ANPP, mas ele não chegou a ser oferecido pelo Ministério Público ou não houve justificativa idônea para o seu não oferecimento, o Ministério Público, agindo de ofício, a pedido da defesa ou mediante provocação do magistrado da causa, deverá, na primeira oportunidade em que falar nos autos, manifestar-se motivadamente acerca do cabimento ou não do acordo no caso concreto.

4 - Nas investigações ou ações penais iniciadas a partir de 18/09/2024, será admissível a celebração de ANPP antes do recebimento da denúncia, ressalvada a possibilidade de propositura do acordo, no curso da ação penal, se for o caso.

1100

REsp 1920091/RJ

REsp 1930130/MG

Definir se, nos termos do inciso IV do art. 117 do Código Penal, o acórdão condenatório sempre interrompe a prescrição, inclusive quando confirmatório da sentença de primeiro grau, seja mantendo, reduzindo ou aumentando a pena anteriormente imposta.
O acórdão condenatório de que trata o inciso IV do art. 117 do Código Penal interrompe a prescrição, inclusive quando confirmatório de sentença condenatória, seja mantendo, reduzindo ou aumentando a pena anteriormente imposta.

1106

REsp 1918287/MG

REsp 1925861/SP

Definir se a imposição de penas de natureza distinta – restritiva de direitos e privativa de liberdade – a um mesmo apenado, verificada no curso da execução, deve ensejar a unificação e a reconversão da primeira em privativa de liberdade, ante a impossibilidade de cumprimento simultâneo.

Sobrevindo condenação por pena privativa de liberdade no curso da execução de pena restritiva de direitos, as penas serão objeto de unificação, com a reconversão da pena alternativa em privativa de liberdade, ressalvada a possibilidade de cumprimento simultâneo aos apenados em regime aberto e vedada a unificação automática nos casos em que a condenação substituída por pena alternativa é superveniente.

1107

REsp 1917110/RS

Saber se há imprescindibilidade de laudo pericial firmado por perito oficial para o reconhecimento da qualificadora do rompimento de obstáculo nos crimes de furto.

AFETADO. Não há decisão de suspensão do trâmite dos processos pendentes.

1110

REsp 1921190/MG

Definir se, em razão da *novatio legis in mellius* engendrada pela Lei n. 13.654/2018, o emprego de arma branca, embora não configure mais causa de aumento do crime de roubo, poderá ser utilizado como fundamento para a majoração da pena-base. Caso seja possível, definir se, na via do recurso especial, o Superior Tribunal de Justiça deve determinar que o Tribunal de origem proceda à referida transposição valorativa/negativa quando as circunstâncias do caso assim justificarem.

1. Em razão da *novatio legis in mellius* engendrada pela Lei n. 13.654/2018, o emprego de arma branca, embora não configure mais causa de aumento do crime de roubo, poderá ser utilizado como fundamento para a majoração da pena-base, quando as circunstâncias do caso concreto assim justificarem.

2. O julgador deve fundamentar o novo apenamento ou justificar a não realização do incremento na basilar, nos termos do que dispõe o art. 387, II e III, do CPP.

3. Não cabe a esta Corte Superior a transposição valorativa da circunstância para a primeira fase da dosimetria ou mesmo compelir que o Tribunal de origem assim o faça, em razão da discricionariedade do julgador ao aplicar a *novatio legis in mellius*.

1114

REsp 1933759/PR

O interrogatório do réu é o último ato da instrução criminal. A inversão da ordem prevista no art. 400 do CPP tangencia somente à oitiva das testemunhas e não ao interrogatório. O eventual reconhecimento da nulidade se sujeita à preclusão, na forma do art. 571, I e II, do CPP, e à demonstração do prejuízo para o réu.

1120

REsp 1953607/SC

Possibilidade ou não de concessão de remição ficta, com extensão do alcance da norma prevista no art. 126, §4º, da Lei de Execução Penal, aos apenados impossibilitados de trabalhar ou estudar em razão da pandemia ocasionada pelo novo coronavírus.

Nada obstante a interpretação restritiva que deve ser conferida ao art. 126, §4º, da LEP, os princípios da individualização da pena, da dignidade da pessoa humana, da isonomia e da fraternidade, ao lado da teoria da derrotabilidade da norma e da situação excepcionalíssima da pandemia de Covid-19, impõem o cômputo do período de restrições sanitárias como de efetivo estudo ou trabalho em favor dos presos que já estavam trabalhando ou estudando e se viram impossibilitados de continuar seus afazeres unicamente em razão do estado pandêmico.

1121

REsp 1959697/SC

REsp 1958862/MG

Possibilidade ou não de se desclassificar o crime de estupro de vulnerável (art. 217-A do CP) para o delito de importunação sexual (art. 215-A do CP).

Presente o dolo específico de satisfazer à lascívia, própria ou de terceiro, a prática de ato libidinoso com menor de 14 anos configura o crime de estupro de vulnerável (art. 217-A do CP), independentemente da ligeireza ou da superficialidade da conduta, não sendo possível a desclassificação para o delito de importunação sexual (art. 215-A do CP).

1126

REsp 1962736/SP

Se o prazo da prescrição da pretensão de se apurar falta disciplinar cometida no curso da execução penal, diante da inexistência de legislação específica, deve ser regulado, por analogia, por aquele previsto no art. 109, VI, do Código Penal, atualmente de três anos.

AFETADO: Não há decisão de suspensão do trâmite dos processos pendentes.

1138

REsp 1923354/SC

Retroatividade ou não da Lei n. 13.964/2019 (Pacote Anticrime), relativamente à natureza jurídica da ação penal no delito de estelionato (art. 171 do Código Penal), a qual outrora era pública incondicionada e, atualmente, passou a exigir a representação da vítima, como condição de procedibilidade, tornando-se, assim, ação pública condicionada à representação.

AFETADO: Não há decisão de suspensão do trâmite dos processos pendentes.

1139

REsp 1977027/PR

REsp 1977180/PR

Possibilidade de inquéritos e ações penais em curso serem empregados na análise dos requisitos previstos para a aplicação do art. 33, § 4.º, da Lei n. 11.343/2006.

É vedada a utilização de inquéritos e/ou ações penais em curso para impedir a aplicação do art. 33, § 4.º, da Lei n. 11.343/06.

1143

REsp 1971993/SP

Questão submetida a julgamento: O princípio da insignificância não se aplica aos crimes de contrabando de cigarros, por menor que possa ter sido o resultado da lesão patrimonial, pois a conduta atinge outros bens jurídicos, como a saúde, a segurança e a moralidade pública.

Tese firmada: "O princípio da insignificância é aplicável ao crime de contrabando de cigarros quando a quantidade apreendida não ultrapassar 1.000 (mil) maços, seja pela diminuta reprovabilidade da conduta, seja pela necessidade de se dar efetividade à repressão a o contrabando de vulto, excetuada a hipótese de reiteração da conduta, circunstância apta a indicar maior reprovabilidade e periculosidade social da ação".

Modulação dos efeitos do julgado: "a tese deve ser aplicada apenas aos casos ainda em curso na data em que encerrado o presente julgamento, sendo inaplicáveis aos feitos transitados em julgado, notadamente considerando os fundamentos que justificaram a alteração jurisprudencial no caso e considerando o descabimento de pleito revisional calcado em mera modificação de orientação jurisprudencial. (AgRg no HC n. 821.959/SP, Sexta Turma, julgado em 14/8/2023, DJe de 21/8/2023).

1144

REsp 1979989/RS

REsp 1979998/RS

Definir se, para a configuração da circunstância majorante do § 1° do art. 155 do Código Penal, basta que a conduta delitiva tenha sido praticada durante o repouso noturno. Definir se há relevância no fato das vítimas estarem ou não dormindo no momento do crime, ou a sua ocorrência em estabelecimento comercial ou em via pública.

1. Nos termos do § 1° do art. 155 do Código Penal, se o crime de furto é praticado durante o repouso noturno, a pena será aumentada de um terço.
2. O repouso noturno compreende o período em que a população se recolhe para descansar, devendo o julgador atentar-se às características do caso concreto.
3. A situação de repouso está configurada quando presente a condição de sossego/tranquilidade do período da noite, caso em que, em razão da diminuição ou precariedade de vigilância dos bens, ou, ainda, da menor capacidade de resistência da vítima, facilita-se a concretização do crime.
4. São irrelevantes os fatos de as vítimas estarem ou não dormindo no momento do crime, ou o local de sua ocorrência, em estabelecimento comercial, via pública, residência desabitada ou em veículos, bastando que o furto ocorra, obrigatoriamente, à noite e em situação de repouso.

1152

REsp 1959907/SP

Definir se o adimplemento da pena de multa imposta cumulativamente na sentença condenatória também constitui requisito para deferimento do pedido de progressão de regime.

AFETADO. Não há decisão de suspensão do trâmite dos processos pendentes.

1154

REsp 1963433/SP

Isoladamente consideradas, a natureza e a quantidade do entorpecente apreendido, por si sós, não são suficientes para embasar conclusão acerca da presença das referidas condições obstativas e, assim, afastar o reconhecimento da minorante do tráfico privilegiado.

AFETADO. Não há decisão de suspensão do trâmite dos processos pendentes.

1155

REsp 1977135/SC

1) O período de recolhimento obrigatório noturno e nos dias de folga, por comprometer o *status libertatis* do acusado, deve ser reconhecido como período a ser detraído da pena privativa de liberdade e da medida de segurança, em homenagem aos princípios da proporcionalidade e do *non bis in idem*.

2) O monitoramento eletrônico associado, atribuição do Estado, não é condição indeclinável para a detração dos períodos de submissão a essas medidas cautelares, não se justificando distinção de tratamento ao investigado ao qual não é determinado e disponibilizado o aparelhamento.

3) As horas de recolhimento domiciliar noturno e nos dias de folga devem ser convertidas em dias para contagem da detração da pena. Se no cômputo total remanescer período menor que vinte e quatro horas, essa fração de dia deverá ser desprezada.

ATENÇÃO! ARE 1481211 AgR

"Não há que se falar em detração penal do tempo em que o réu esteve em recolhimento domiciliar noturno, pois, além de a referida medida cautelar não comprometer efetivamente o *status libertatis* do acusado, o art. 42 do Código Penal não prevê a aplicabilidade do benefício a esta hipótese. (STF, Primeira Turma, DJe de 2/5/2024).

1161

REsp 1970217/MG

A valoração do requisito subjetivo para concessão do livramento condicional - bom comportamento durante a execução da pena (art. 83, inciso III, alínea "a", do Código Penal) - deve considerar todo o histórico prisional, não se limitando ao período de 12 meses referido na alínea "b" do mesmo inciso III do art. 83 do Código Penal.

1163

REsp 1990972/MG

Saber se a simples fuga do réu para dentro da residência ao avistar os agentes estatais e/ou a mera existência de denúncia anônima acerca da possível prática de delito no interior do domicílio, desacompanhada de outros elementos preliminares indicativos de crime, constituem ou não, por si sós, fundadas razões (justa causa) a autorizar o ingresso dos policiais em seu domicílio, sem prévia autorização judicial e sem o consentimento válido do morador.

AFETADO. Não há decisão de suspensão do trâmite dos processos pendentes.

1165

REsp 1976210/RS

A decisão que defere a progressão de regime não tem natureza constitutiva, senão declaratória. O termo inicial para a progressão de regime deverá ser a data em que preenchidos os requisitos objetivo e subjetivo descritos no art. 112 da lei 7.210/84 (lei de execução penal), e não a data em que efetivamente foi deferida a progressão.

Essa data deverá ser definida de forma casuística, fixando-se como termo inicial o momento em que preenchido o último requisito pendente, seja ele o objetivo ou o subjetivo.

Se por último for preenchido o requisito subjetivo, independentemente da anterior implementação do requisito objetivo, será aquele (o subjetivo) o marco para fixação da data-base para efeito de nova progressão de regime.

1166

REsp 1982304/SP

O crime de apropriação indébita previdenciária, previsto no art. 168-A, § 1.º, inciso I, do Código Penal, possui natureza de delito material, que só se consuma com a constituição definitiva, na via administrativa, do crédito tributário, consoante o disposto na Súmula Vinculante n. 24 do Supremo Tribunal Federal.

1167

REsp 1977547/MG

A audiência prevista no art. 16 da Lei 11.340/2006 tem por objetivo confirmar a retratação, não a representação, e não pode ser designada de ofício pelo juiz. Sua realização somente é necessária caso haja manifestação do desejo da vítima de se retratar trazida aos autos antes do recebimento da denúncia

1168

REsp 1970216/SP

Os tipos penais trazidos nos arts. 241-A e 241-B do Estatuto da Criança e do Adolescente são autônomos, com verbos e condutas distintas, sendo que o crime do art. 241-B não configura fase normal, tampouco meio de execução para o crime do art. 241-A, o que possibilita o reconhecimento de concurso material de crimes.

1171

REsp 1994182/RJ

A utilização de simulacro de arma configura a elementar grave ameaça do tipo penal do roubo, subsumindo à hipótese legal que veda a substituição da pena.

1172

REsp 2003716/RS

A reincidência específica como único fundamento só justifica o agravamento da pena em fração mais gravosa que 1/6 em casos excepcionais e mediante detalhada fundamentação baseada em dados concretos do caso.

1185

REsp 2031971/SP

Incidência da circunstância agravante prevista no art. 61, II, j, do Código Penal, independentemente de nexo causal entre o estado de calamidade pública e o fato delitivo.

AFETADO. Não há decisão de suspensão do trâmite dos processos pendentes.

1186

REsp 2015598/PA

1. A condição de gênero feminino é suficiente para atrair a aplicabilidade da Lei Maria da Penha em casos de violência doméstica e familiar, prevalecendo sobre a questão etária. 2. A Lei Maria da Penha prevalece quando suas disposições conflitarem com as de estatutos específicos, como o da Criança e do Adolescente.

1189

REsp 2049327/RJ

A vedação constante do art. 17 da Lei n. 11.340/2006 (Lei Maria da Penha) obsta a imposição, nos casos de violência doméstica e familiar contra a mulher, de pena de multa isoladamente, ainda que prevista de forma autônoma no preceito secundário do tipo penal imputado.

1192

REsp 1960300/GO

O crime de roubo, praticado mediante uma única ação contra vítimas diferentes e em um mesmo contexto fático, configura o concurso formal de crimes e não um crime único, quando violados patrimônios distintos.

AFETADO. Não há decisão de suspensão do trâmite dos processos pendentes.

1194

REsp 2001973/RS

Definir se eventual confissão do réu, não utilizada para a formação do convencimento do julgador, nem em primeiro nem em segundo grau, autoriza o reconhecimento da atenuante prevista no art. 65, III, 'd', do Código Penal.

AFETADO. Não há decisão de suspensão do trâmite dos processos pendentes.

1195

REsp 2011706/MG

A possibilidade de comutação de pena, nos casos em que, embora tenha ocorrido a prática de falta grave nos últimos doze meses que antecederam a publicação do Decreto n. 9.246/17, não conste homologação em juízo no mesmo período.

AFETADO. Não há decisão de suspensão do trâmite dos processos pendentes.

1196

REsp 2016358/MG

É válida a aplicação retroativa do percentual de 50% (cinquenta por cento), para fins de progressão de regime, a condenado por crime hediondo, com resultado morte, que seja reincidente genérico, nos moldes da alteração legal promovida pela Lei n. 13.964/2019 no art. 112, inc. VI, alínea a, da Lei n. 7.210/84 (Lei de Execução Penal), bem como a posterior concessão do livramento condicional, podendo ser formulado posteriormente com base no art. 83, inc. V, do Código Penal, o que não configura combinação de leis na aplicação retroativa de norma penal material mais benéfica.

1197

REsp 2027794/MS

A aplicação da agravante do art. 61, inc. II, alínea f, do Código Penal (CP), em conjunto com as disposições da Lei Maria da Penha (Lei n. 11.340/2006), não configura *bis in idem*.

1202

REsp 2029482/RJ

No crime de estupro de vulnerável, é possível a aplicação da fração máxima de majoração prevista no art. 71, *caput*, do Código Penal, ainda que não haja a delimitação precisa do número de atos sexuais praticados, desde que o longo período de tempo e a recorrência das condutas permita concluir que houve 7 (sete) ou mais repetições.

1205

REsp 2062375/AL

A restituição imediata e integral do bem furtado não constitui, por si só, motivo suficiente para a incidência do princípio da insignificância.

1206

REsp 2048645/MG

A simples falta de assinatura do perito encarregado pela lavratura do laudo toxicológico definitivo constitui mera irregularidade e não tem o condão de anular a prova pericial na hipótese de existirem outros elementos que comprovem a sua autenticidade, notadamente quando o expert estiver devidamente identificado e for constatada a existência de substância ilícita.

1208

REsp 2055920/MG

A reincidência pode ser admitida pelo juízo das execuções penais para análise da concessão de benefícios, ainda que não reconhecida pelo juízo que prolatou a sentença condenatória.

1214

REsp 2058976/MG

É obrigatória a redução proporcional da pena-base quando o tribunal de segunda instância, em recurso exclusivo da defesa, afastar circunstância judicial negativa reconhecida na sentença.

Todavia, não implicam *reformatio in pejus* a mera correção da classificação de um fato já valorado negativamente pela sentença para enquadrá-lo como outra circunstância judicial, nem o simples reforço de fundamentação para manter a valoração negativa de circunstância já reputada desfavorável na sentença.

1215

REsp 2038833/MG

Nos crimes contra a dignidade sexual, não configura *bis in idem* a aplicação simultânea da agravante genérica do art. 61, II, "f", e da majorante específica do art. 226, II, ambos do Código Penal, salvo quando presente apenas a relação de autoridade do agente sobre a vítima, hipótese na qual deve ser aplicada tão somente a causa de aumento.

1218

REsp 2.083.701

A reiteração da conduta delitiva obsta a aplicação do princípio da insignificância ao crime de descaminho – independentemente do valor do tributo não recolhido –, ressalvada a possibilidade de, no caso concreto, se concluir que a medida é socialmente recomendável. A contumácia pode ser aferida a partir de procedimentos penais e fiscais pendentes de definitividade, sendo inaplicável o prazo previsto no art. 64, I, do CP, incumbindo ao julgador avaliar o lapso temporal transcorrido desde o último evento delituoso à luz dos princípios da proporcionalidade e razoabilidade.

1219

REsp 2082481/MG

É adequada a aplicação do princípio da fungibilidade recursal aos casos em que, embora cabível recurso em sentido estrito, a parte impugna a decisão mediante apelação ou vice-versa, desde que observados a tempestividade e os demais pressupostos de admissibilidade do recurso cabível, na forma do art. 579, *caput* e parágrafo único, do Código de Processo Penal.

1222

REsp 2072978/MS

Verificar a possibilidade de agentes da Polícia Federal criarem sites/fóruns de internet para apuração de crimes, de identificação e de localização de pessoas que compartilhem arquivos pedopornográficos. AFETADO. Não há decisão de suspensão do trâmite dos processos pendentes.

1227

REsp 2046906/SP

Definir se a tipificação do crime de roubo exige que a violência empregada seja direcionada à vítima ou se também abarca os casos em que a violência tenha sido empregada contra um objeto, com o intuito de subtrair o bem.

AFETADO. Não há decisão de suspensão do trâmite dos processos pendentes.

1236

REsp 2085556/MG

Definir se, para obtenção da remição da pena pela conclusão de curso na modalidade a distância, a instituição de ensino deve ser credenciada junto à unidade prisional em que o reeducando cumpre pena para permitir a fiscalização das atividades e da carga horária efetivamente cumprida pelo condenado.

AFETADO. Não há decisão de suspensão do trâmite dos processos pendentes.

1241

REsp 2059576/MG

REsp 2059577/MG

Possibilidade de utilização da quantidade e variedade das drogas apreendidas para definir a fração da minorante do tráfico privilegiado, prevista no artigo 33, § 4º, da Lei 11.343/2006.

EM JULGAMENTO. Não há decisão de suspensão do trâmite dos processos pendentes.

1249

REsp 2071109/MG

I - As medidas protetivas de urgência (MPUs) têm natureza jurídica de tutela inibitória e sua vigência não se subordina à existência (atual ou vindoura) de boletim de ocorrência, inquérito policial, processo cível ou criminal.

II - A duração das MPUs vincula-se à persistência da situação de risco à mulher, razão pela qual devem ser fixadas por prazo temporalmente indeterminado.

III - Eventual reconhecimento de causa de extinção de punibilidade, arquivamento do inquérito policial ou absolvição do acusado não origina, necessariamente, a extinção da medida protetiva de urgência, máxime pela possibilidade de persistência da situação de risco ensejadora da concessão da medida.

IV - Não se submetem a prazo obrigatório de revisão periódica, mas devem ser reavaliadas pelo magistrado, de ofício ou a pedido do interessado, quando constatado concretamente o esvaziamento da situação de risco. A revogação deve sempre ser precedida de contraditório, com as oitivas da vítima e do suposto agressor. Em caso de extinção da medida, a ofendida deve ser comunicada, nos termos do art. 21 da Lei n. 11.340/2006.

1255

REsp 2083968/MG

Se o delito de falsa identidade é crime formal, que se consuma quando o agente fornece, consciente e voluntariamente, dados inexatos sobre sua real identidade, e, portanto, independe da ocorrência de resultado naturalístico.

AFETADO. Não há decisão de suspensão do trâmite dos processos pendentes.

1256

REsp 2076432/DF

Definição da natureza do crime previsto no art. 14 da Lei 10.826/2003 como de mera conduta e de perigo abstrato.

AFETADO. Não há decisão de suspensão do trâmite dos processos pendentes.

1258

REsp 1987651/RS

Definir o alcance da determinação contida no art. 226 do Código de Processo Penal e se a inobservância do quanto nele estatuído configura nulidade do ato processual.

AFETADO. Não há decisão de suspensão do trâmite dos processos pendentes.

1259

REsp 2000953/RS

A majorante do art. 40, inciso IV, da Lei n. 11.343/2006 aplica-se quando há nexo finalístico entre o uso da arma e o tráfico de drogas, sendo a arma usada para garantir o sucesso da atividade criminosa, hipótese em que o crime de porte ou posse ilegal de arma é absorvido pelo tráfico. Do contrário, o delito previsto no Estatuto do Desarmamento é considerado crime autônomo, em concurso material com o tráfico de drogas.

1260

REsp 2048687/BA

Definir a) se, nos termos do art. 155 do CPP, a pronúncia não pode se fundamentar exclusivamente em elementos colhidos durante o inquérito policial; b) se o testemunho indireto, ainda que colhido em juízo, não constitui, isoladamente, meio de prova idôneo para a pronúncia.

AFETADO. Há decisão pela **não** suspensão dos feitos que tratem de idêntica questão de direito.

1262

REsp 2003735/PR
REsp 2004455/PR

Definir se a exasperação da pena na primeira fase da dosimetria, nos casos em que se constata a ínfima quantidade de drogas, independentemente de sua natureza, caracterizaria aumento desproporcional da pena-base.
Não suspensão da tramitação de processos.

1269

REsp 2100005/RS

Discute-se se o procedimento que apura ato infracional tem regras próprias e deve observar apenas a oportunidade de audiência de apresentação do adolescente quando oferecida a representação (art. 184 do ECA), ou se, diante da lacuna existente na Lei n. 8.069/1990, existe nulidade quando o Juiz deixa de aplicar, subsidiariamente, o art. 400 do CPP, para, em acréscimo, assegurar o interrogatório como último ato da instrução, após o representado ter conhecimento de todas a provas produzidas contra si.
AFETADO. Não há decisão de suspensão do trâmite dos processos pendentes.

1270

REsp 2115433/SP

Discute-se se a possibilidade de remição da pena por estudo, diante da aprovação parcial no Enem, à luz da Resolução n. 391 do CNJ, substitutiva da Recomendação n. 44/2013, e que permite a concessão do benefício em comento.
AFETADO. Não há decisão de suspensão do trâmite dos processos pendentes.

1274

REsp 2119556/DF

O fato de o visitante cumprir pena privativa de liberdade em regime aberto ou em livramento condicional não impede por si só o direito à visita em estabelecimento prisional.

1277

REsp 2069773/MG

É possível, conforme o artigo 42 do Código Penal, o cômputo do período de prisão provisória na análise dos requisitos para a concessão do indulto e da comutação previstos nos respectivos decretos.

1278

REsp 2121878/SP

Definir se há possibilidade de obtenção da remição da pena pela leitura.
Não há determinação de suspensão do trâmite dos processos pendentes.

1303

REsp 2161548/BA

Definir se a ausência de confissão pelo investigado a respeito do cometimento do crime, durante a fase de inquérito policial, constitui fundamento válido para o Ministério Público não ofertar proposta de Acordo de Não Persecução Penal (ANPP).
Não há determinação de suspensão do trâmite dos processos pendentes.

STJ – SÚMULAS

6

CC 888 SP

Compete à Justiça Comum Estadual processar e julgar delito decorrente de acidente de trânsito envolvendo viatura de polícia militar, salvo se autor e vítima forem policiais militares em situação de atividade.

7

AgRg no Ag 1232 PR

A pretensão de simples reexame de prova não enseja recurso especial.

13

AgRg no Ag 2038 SP

A divergência entre julgados do mesmo Tribunal não enseja recurso especial.

17

REsp 2622 SP

Quando o falso se exaure no estelionato, sem mais potencialidade lesiva, é por este absorvido.

18

REsp 524 PR

A sentença concessiva do perdão judicial é declaratória da extinção da punibilidade, não subsistindo qualquer efeito condenatório.

21

HC 407 RN

Pronunciado o réu, fica superada a alegação do constrangimento ilegal da prisão por excesso de prazo na instrução.

24

REsp 2169 RJ

Aplica-se ao crime de estelionato, em que figure como vítima entidade autárquica da previdência social, a qualificadora do § 3º, do art. 171 do Código Penal.

38

CC 2110 SP

Compete à Justiça Estadual Comum, na vigência da Constituição de 1988, o processo por contravenção penal, ainda que praticada em detrimento de bens, serviços ou interesse da União ou de suas entidades.

40

RHC 1587 RJ

Para obtenção dos benefícios de saída temporária e trabalho externo, considera-se o tempo de cumprimento da pena no regime fechado.

41

AgRg no MS 1103 PA

O Superior Tribunal de Justiça não tem competência para processar e julgar, originariamente, mandado de segurança contra ato de outros tribunais ou dos respectivos órgãos.

42

CC 2001 SP

Compete à Justiça Comum Estadual processar e julgar as causas cíveis em que é parte sociedade de economia mista e os crimes praticados em seu detrimento.

48

CC 2385 SP

Compete ao juízo do local da obtenção da vantagem ilícita processar e julgar crime de estelionato cometido mediante falsificação de cheque.

51

REsp 18528 SP

A punição do intermediador, no jogo do bicho, independe da identificação do "apostador" ou do "banqueiro".

52

HC 1153 SP

Encerrada a instrução criminal, fica superada a alegação de constrangimento por excesso de prazo.

53

CC 2117 RS

Compete à Justiça Comum Estadual processar e julgar civil acusado de prática de crime contra instituições militares estaduais.

59

CC 2114 SP

Não há conflito de competência se já existe sentença com trânsito em julgado, proferida por um dos juízos conflitantes.

62

CC 3228 SP

Compete à Justiça Estadual processar e julgar o crime de falsa anotação na carteira de trabalho e previdência social, atribuído a empresa privada.

64

HC 1295 RJ

Não constitui constrangimento ilegal o excesso de prazo na instrução, provocado pela defesa.

73

CC 3564 RO

A utilização de papel moeda grosseiramente falsificado configura, em tese, o crime de estelionato, da competência da Justiça Estadual.

74

RHC 2056 SP

Para efeitos penais, o reconhecimento da menoridade do réu requer prova por documento hábil.

75

CC 3601 SP

Compete à Justiça Comum Estadual processar e julgar o policial militar por crime de promover ou facilitar a fuga de preso de estabelecimento penal.

78

CC 3159 PR

Compete à Justiça Militar processar e julgar policial de corporação estadual, ainda que o delito tenha sido praticado em outra unidade federativa.

83

REsp 11349 RN

Não se conhece do recurso especial pela divergência, quando a orientação do Tribunal se firmou no mesmo sentido da decisão recorrida.

[APLICA-SE TAMBÉM AO PERMISSIVO DA ALÍNEA "A" DO INCISO III, DO ART. 105, DA CONSTITUIÇÃO FEDERAL, CONFORME ENTENDIMENTO DO STJ].

86

EREsp 11919 AM

Cabe recurso especial contra acordão proferido no julgamento de agravo de instrumento.

96

RHC 3201 ES

O crime de extorsão consuma-se independentemente da obtenção da vantagem indevida.

98

EDcl no REsp 21158 SP

Embargos de declaração manifestados com notório propósito de prequestionamento não tem caráter protelatório.

99

REsp 35314 SP

O Ministério Público tem legitimidade para recorrer no processo em que oficiou como fiscal da lei, ainda que não haja recurso da parte.

104

CC 6554 DF

Compete à Justiça Estadual o processo e julgamento dos crimes de falsificação e uso de documento falso relativo a estabelecimento particular de ensino.

107

CC 4514 SP

Compete à Justiça Comum Estadual processar e julgar crime de estelionato praticado mediante falsificação das guias de recolhimento das contribuições previdenciárias, quando não ocorrente lesão a autarquia federal.

108

REsp 28886 SP

A aplicação de medidas socioeducativas ao adolescente, pela prática de ato infracional, é da competência exclusiva do juiz.

115

AgRg no Ag 45488 MG

Na instância especial é inexistente recurso interposto por advogado sem procuração nos autos.

117

REsp 6481/SP

A inobservância do prazo de 48 horas, entre a publicação de pauta e o julgamento sem a presença das partes, acarreta nulidade.

122

CC 7354 PB

Compete à Justiça Federal o processo e julgamento unificado dos crimes conexos de competência federal e estadual, não se aplicando a regra do art. 78, II, "a", do Código de Processo Penal.

123

REsp 8341 SP

A decisão que admite, ou não, o recurso especial deve ser fundamentada, com o exame dos seus pressupostos gerais e constitucionais.

126

REsp 36.191/SP

É inadmissível recurso especial, quando o acordão recorrido assenta em fundamentos constitucional e infraconstitucional, qualquer deles suficiente, por si só, para mantê-lo, e a parte vencida não manifesta recurso extraordinário.

140

CC 7624 AM

Compete à Justiça Comum Estadual processar e julgar crime em que o indígena figure como autor ou vítima.

147

RHC 3668 RJ

Compete à Justiça Federal processar e julgar os crimes praticados contra funcionário público federal, quando relacionados com o exercício da função.

150

REsp 52726 SP

Compete à Justiça Federal decidir sobre a existência de interesse jurídico que justifique a presença, no processo, da União, suas autarquias ou empresas públicas.

151

CC 13767 PR

A competência para o processo e julgamento por crime de contrabando ou descaminho define-se pela prevenção do juízo federal do lugar da apreensão dos bens.

158

AgRg nos EREsp 42280 RJ

Não se presta a justificar embargos de divergência o dissídio com acórdão de Turma ou Seção que não mais tenha competência para a matéria neles versada.

164

HC 3404 PA

O prefeito municipal, após a extinção do mandato, continua sujeito a processo por crime previsto no art. 1° do Dec. Lei n. 201, de 27/02/67.

165

CC 14.508/SP

Compete à Justiça Federal processar e julgar crime de falso testemunho cometido no processo trabalhista.

168

AgRg nos EREsp 53284 SP

Não cabem embargos de divergência, quando a jurisprudência do Tribunal se firmou no mesmo sentido do acórdão embargado.

169

AgRg nos EInf no RMS 439 SP

São inadmissíveis embargos infringentes no processo de mandado de segurança.

171

REsp 72424 SP

Cominadas cumulativamente, em lei especial, penas privativa de liberdade e pecuniária, é defeso a substituição da prisão por multa.

182

AgRg no Ag 60114 SP

É inviável o agravo do art. 545 do CPC [art. 1.021 do CPC/2015] que deixa de atacar especificamente os fundamentos da decisão agravada.

191

REsp 76593 SP

A pronúncia é causa interruptiva da prescrição, ainda que o Tribunal do Júri venha a desclassificar o crime.

192

CC 14849 PA

Compete ao juízo das execuções penais do Estado a execução das penas impostas a sentenciados pela Justiça Federal, Militar ou Eleitoral, quando recolhidos a estabelecimentos sujeitos a administração estadual.

200

CC 15994 MG

O juízo federal competente para processar e julgar acusado de crime de uso de passaporte falso é o do lugar onde o delito se consumou.

202

RMS 7087 MA

A impetração de segurança por terceiro, contra ato judicial, não se condiciona à interposição de recurso.

203

REsp 118463 SC

Não cabe recurso especial contra decisão proferida por órgão de segundo grau dos Juizados Especiais.

207

REsp 39.624-7/BA

AgRg no Ag 139132 SP

É inadmissível recurso especial quando cabíveis embargos infringentes contra o acordão proferido no Tribunal de origem.

208

CC 18517 SP

Compete à Justiça Federal processar e julgar prefeito municipal por desvio de verba sujeita a prestação de contas perante órgão federal.

209

CC 15734 RO

Compete à Justiça Estadual processar e julgar prefeito por desvio de verba transferida e incorporada ao patrimônio municipal.

211

AgRg no Ag 123760 SP

Inadmissível recurso especial quanto à questão que, a despeito da oposição de embargos declaratórios, não foi apreciada pelo Tribunal *a quo*.

220

HC 7942 PR

A reincidência não influi no prazo da prescrição da pretensão punitiva.

223

EDcl no AgRg no Ag 158467 SP

A certidão de intimação do acórdão recorrido constitui peça obrigatória do instrumento de agravo.

231

REsp 146056 RS

A incidência da circunstância atenuante não pode conduzir à redução da pena abaixo do mínimo legal.

234

HC 9023 SC

A participação de membro do Ministério Público na fase investigatória criminal não acarreta o seu impedimento ou suspeição para o oferecimento da denúncia.

235

REsp 193.766/SP

A conexão não determina a reunião dos processos, se um deles já foi julgado.

241

HC 9219 SE

A reincidência penal não pode ser considerada como circunstância agravante e, simultaneamente, como circunstância judicial.

243

HC 7560 PR

O benefício da suspensão do processo não é aplicável em relação às infrações penais cometidas em concurso material, concurso formal ou continuidade delitiva, quando a pena mínima cominada, seja pelo somatório, seja pela incidência da majorante, ultrapassar o limite de um (01) ano.

265

RHC 9270 SP

É necessária a oitiva do menor infrator antes de decretar-se a regressão da medida socioeducativa.

269

EREsp 182680 SP

É admissível a adoção do regime prisional semiaberto aos reincidentes condenados a pena igual ou inferior a quatro anos se favoráveis as circunstâncias judiciais.

273

RHC 9929 PR

Intimada a defesa da expedição da carta precatória, torna-se desnecessária intimação da data da audiência no juízo deprecado.

315

EAg 541924 RJ

Não cabem embargos de divergência no âmbito do agravo de instrumento que não admite recurso especial.

316

AgRg na Pet 3934 MG

Cabem embargos de divergência contra acórdão que, em agravo regimental, decide recurso especial.

330

REsp 174290 RJ

É desnecessária a resposta preliminar de que trata o artigo 514 do Código de Processo Penal, na ação penal instruída por inquérito policial.

337

REsp 679526 CE

É cabível a suspensão condicional do processo na desclassificação do crime e na procedência parcial da pretensão punitiva.

338

HC 45667 SP

A prescrição penal é aplicável nas medidas socioeducativas.

341

HC 43668 SP

A frequência a curso de ensino formal é causa de remição de parte do tempo de execução de pena sob regime fechado ou semiaberto.

342

HC 44275 SP

No procedimento para aplicação de medida socioeducativa, é nula a desistência de outras provas em face da confissão do adolescente.

347

HC 90687 MS

O conhecimento de recurso de apelação do réu independe de sua prisão.

415

HC 84982 SP

O período de suspensão do prazo prescricional é regulado pelo máximo da pena cominada.

419

REsp 914253 SP

Descabe a prisão civil do depositário judicial infiel.

438

RHC 18569 MG

É inadmissível a extinção da punibilidade pela prescrição da pretensão punitiva com fundamento em pena hipotética, independentemente da existência ou sorte do processo penal.

439

HC 114882 SP

Admite-se o exame criminológico pelas peculiaridades do caso, desde que em decisão motivada.

440

HC 99366 SP

Fixada a pena-base no mínimo legal, é vedado o estabelecimento de regime prisional mais gravoso do que o cabível em razão da sanção imposta, com base apenas na gravidade abstrata do delito.

441

HC 145217 SP

A falta grave não interrompe o prazo para obtenção de livramento condicional.

442

REsp 730352 RS

É inadmissível aplicar, no furto qualificado, pelo concurso de agentes, a majorante do roubo.

443

HC 124581 SP

O aumento na terceira fase de aplicação da pena no crime de roubo circunstanciado exige fundamentação concreta, não sendo suficiente para a sua exasperação a mera indicação do número de majorantes.

444

HC 96670 DF

É vedada a utilização de inquéritos policiais e ações penais em curso para agravar a pena-base.

455

RHC 21173 DF

A decisão que determina a produção antecipada de provas com base no art. 366 do CPP deve ser concretamente fundamentada, não a justificando unicamente o mero decurso do tempo.

471

AgRg no HC 138943 SP

Os condenados por crimes hediondos ou assemelhados cometidos antes da vigência da Lei n. 11.464/2007 sujeitam-se ao disposto no art. 112 da Lei n. 7.210/1984 (Lei de Execução Penal) para a progressão de regime prisional.

491

HC 191223 SP

É inadmissível a chamada progressão *per saltum* de regime prisional.

492

HC 213778 RJ

O ato infracional análogo ao tráfico de drogas, por si só, não conduz obrigatoriamente à imposição de medida socioeducativa de internação do adolescente.

493

HC 228668 SP

É inadmissível a fixação de pena substitutiva (art. 44 do CP) como condição especial ao regime aberto.

500

AgRg no AREsp 303440 DF

A configuração do crime do art. 244-B do ECA independe da prova da efetiva corrupção do menor, por se tratar de delito formal.

501

AgRg no REsp 1212535 PR

É cabível a aplicação retroativa da Lei n. 11.343/2006, desde que o resultado da incidência das suas disposições, na íntegra, seja mais favorável ao réu do que o advindo da aplicação da Lei n. 6.368/1976, sendo vedada a combinação de leis.

502

AgRg nos EDcl no AREsp 265891 RS

Presentes a materialidade e a autoria, afigura-se típica, em relação ao crime previsto no art. 184, § 2º, do CP, a conduta de expor à venda CDs e DVDs piratas.

511

HC 214831 SP

É possível o reconhecimento do privilégio previsto no § 2º do art. 155 do CP nos casos de crime de furto qualificado, se estiverem presentes a primariedade do agente, o pequeno valor da coisa e a qualificadora for de ordem objetiva.

513

AgRg nos EDcl no AREsp 270383 SC

A 'abolitio criminis' temporária prevista na Lei n. 10.826/2003 aplica-se ao crime de posse de arma de fogo de uso permitido com numeração, marca ou qualquer outro sinal de identificação raspado, suprimido ou adulterado, praticado somente até 23/10/2005.

518

AgRg no AREsp 555774 PR

Para fins do art. 105, III, a, da Constituição Federal, não é cabível recurso especial fundado em alegada violação de enunciado de súmula.

520

AgRg no REsp 1424870 RJ

O benefício de saída temporária no âmbito da execução penal é ato jurisdicional insuscetível de delegação à autoridade administrativa do estabelecimento prisional.

522

HC 199440 MG

A conduta de atribuir-se falsa identidade perante autoridade policial é típica, ainda que em situação de alegada autodefesa.

526

HC 296764 RS

O reconhecimento de falta grave decorrente do cometimento de fato definido como crime doloso no cumprimento da pena prescinde do trânsito em julgado de sentença penal condenatória no processo penal instaurado para apuração do fato.

527

AgRg no AREsp 357508 DF

O tempo de duração da medida de segurança não deve ultrapassar o limite máximo da pena abstratamente cominada ao delito praticado.

534

HC 296764 RS

A prática de falta grave interrompe a contagem do prazo para a progressão de regime de cumprimento de pena, o qual se reinicia a partir do cometimento dessa infração.

535

HC 308070 SP

A prática de falta grave não interrompe o prazo para fim de comutação de pena ou indulto.

536

RHC 42092 RJ

A suspensão condicional do processo e a transação penal não se aplicam na hipótese de delitos sujeitos ao rito da Lei Maria da Penha.

542

AgRg no REsp 1442015 MG

A ação penal relativa ao crime de lesão corporal resultante de violência doméstica contra a mulher é pública incondicionada.

545

HC 314944 SP

Quando a confissão for utilizada para a formação do convencimento do julgador, o réu fará jus à atenuante prevista no art. 65, III, d, do Código Penal.

546

CC 115285 ES

A competência para processar e julgar o crime de uso de documento falso é firmada em razão da entidade ou órgão ao qual foi apresentado o documento público, não importando a qualificação do órgão expedidor.

562

REsp 1381315 RJ

É possível a remição de parte do tempo de execução da pena quando o condenado, em regime fechado ou semiaberto, desempenha atividade laborativa, ainda que extramuros.

567

REsp 1385621 MG

Sistema de vigilância realizado por monitoramento eletrônico ou por existência de segurança no interior de estabelecimento comercial, por si só, não torna impossível a configuração do crime de furto.

568

REsp 1563610 PI

O relator, monocraticamente e no Superior Tribunal de Justiça, poderá dar ou negar provimento ao recurso quando houver entendimento dominante acerca do tema.

574

AgRg no AREsp 399130 SP

Para a configuração do delito de violação de direito autoral e a comprovação de sua materialidade, é suficiente a perícia realizada por amostragem do produto apreendido, nos aspectos externos do material, e é desnecessária a identificação dos titulares dos direitos autorais violados ou daqueles que os representem.

575

Rcl 29042 RS

Constitui crime a conduta de permitir, confiar ou entregar a direção de veículo automotor a pessoa que não seja habilitada, ou que se encontre em qualquer das situações previstas no art. 310 do CTB, independentemente da ocorrência de lesão ou de perigo de dano concreto na condução do veículo.

579

AgRg no AREsp 824816 MG

Não é necessário ratificar o recurso especial interposto na pendência do julgamento dos embargos de declaração, quando inalterado o resultado anterior.

582

AgRg no REsp 1201491 RJ

Consuma-se o crime de roubo com a inversão da posse do bem mediante emprego de violência ou grave ameaça, ainda que por breve tempo e em seguida à perseguição imediata ao agente e recuperação da coisa roubada, sendo prescindível a posse mansa e pacífica ou desvigiada.

587

AgRg no AREsp 368971 AC

Para a incidência da majorante prevista no art. 40, V, da Lei n. 11.343/2006, é desnecessária a efetiva transposição de fronteiras entre estados da Federação, sendo suficiente a demonstração inequívoca da intenção de realizar o tráfico interestadual.

588

AgRg no REsp 1607382 MS

A prática de crime ou contravenção penal contra a mulher com violência ou grave ameaça no ambiente doméstico impossibilita a substituição da pena privativa de liberdade por restritiva de direitos.

589

AgRg no REsp 1602827 MS

É inaplicável o princípio da insignificância nos crimes ou contravenções penais praticados contra a mulher no âmbito das relações domésticas.

593

REsp 1361564 MG

O crime de estupro de vulnerável se configura com a conjunção carnal ou prática de ato libidinoso com menor de 14 anos, sendo irrelevante eventual consentimento da vítima para a prática do ato, sua experiência sexual anterior ou existência de relacionamento amoroso com o agente.

599

HC 274487 SP

O princípio da insignificância é inaplicável aos crimes contra a administração pública.

600

AgRg no RHC 74107 SP

Para a configuração da violência doméstica e familiar prevista no artigo 5º da Lei n. 11.340/2006 (Lei Maria da Penha) não se exige a coabitação entre autor e vítima.

604

AgRg no HC 388235 SP

O mandado de segurança não se presta para atribuir efeito suspensivo a recurso criminal interposto pelo Ministério Público.

605

AgInt no REsp 1573110 RJ

A superveniência da maioridade penal não interfere na apuração de ato infracional nem na aplicabilidade de medida socioeducativa em curso, inclusive na liberdade assistida, enquanto não atingida a idade de 21 anos.

606

AgRg no AREsp 971115 PA

Não se aplica o princípio da insignificância a casos de transmissão clandestina de sinal de internet via radiofrequência, que caracteriza o fato típico previsto no art. 183 da Lei n. 9.472/1997.

607

AgRg no AREsp 377808 MS

A majorante do tráfico transnacional de drogas (art. 40, I, da Lei n. 11.343/2006) configura-se com a prova da destinação internacional das drogas, ainda que não consumada a transposição de fronteiras.

617

AgRg no HC 394664 MG

A ausência de suspensão ou revogação do livramento condicional antes do término do período de prova enseja a extinção da punibilidade pelo integral cumprimento da pena.

630

AgRg no AgRg no AREsp 1053604 AC

A incidência da atenuante da confissão espontânea no crime de tráfico ilícito de entorpecentes exige o reconhecimento da traficância pelo acusado, não bastando a mera admissão da posse ou propriedade para uso próprio.

631

AgRg no AREsp 682331 MG

O indulto extingue os efeitos primários da condenação (pretensão executória), mas não atinge os efeitos secundários, penais ou extrapenais.

636

HC 456211 SP

A folha de antecedentes criminais é documento suficiente a comprovar os maus antecedentes e a reincidência.

639

RHC 103368 BA

Não fere o contraditório e o devido processo decisão que, sem ouvida prévia da defesa, determine transferência ou permanência de custodiado em estabelecimento penitenciário federal.

643

AgRg no HC 501869 SP

A execução da pena restritiva de direitos depende do trânsito em julgado da condenação.

644

AgRg no AREsp 1199054 DF

O núcleo de prática jurídica deve apresentar o instrumento de mandato quando constituído pelo réu hipossuficiente, salvo nas hipóteses em que é nomeado pelo juízo.

645

RHC 94327 SC

O crime de fraude à licitação é formal, e sua consumação prescinde da comprovação do prejuízo ou da obtenção de vantagem.

648

HC 400041 SP

A superveniência da sentença condenatória prejudica o pedido de trancamento da ação penal por falta de justa causa feito em *habeas corpus*.

658

RHC 93154 SC

O crime de apropriação indébita tributária pode ocorrer tanto em operações próprias como em razão de substituição tributária.

659

AgRg no REsp 1916698 RJ

A fração de aumento em razão da prática de crime continuado deve ser fixada de acordo com o número de delitos cometidos, aplicando-se 1/6 pela prática de duas infrações, 1/5 para três, 1/4 para quatro, 1/3 para cinco, 1/2 para seis e 2/3 para sete ou mais infrações.

660

AgRg no HC 664000 SC

A posse, pelo apenado, de aparelho celular ou de seus componentes essenciais constitui falta grave.

661

AgRg no HC 669266 SP

A falta grave prescinde da perícia do celular apreendido ou de seus componentes essenciais.

662

AgRg no HC 683885 PB

Para a prorrogação do prazo de permanência no sistema penitenciário federal, é prescindível a ocorrência de fato novo; basta constar, em decisão fundamentada, a persistência dos motivos que ensejaram a transferência inicial do preso.

664

AgRg no REsp 1980074 MS

É inaplicável a consunção entre o delito de embriaguez ao volante e o de condução de veículo automotor sem habilitação.

665

MS 24275 DF

O controle jurisdicional do processo administrativo disciplinar restringe-se ao exame da regularidade do procedimento e da legalidade do ato, à luz dos princípios do contraditório, da ampla defesa e do devido processo legal, não sendo possível incursão no mérito administrativo, ressalvadas as hipóteses de flagrante ilegalidade, teratologia ou manifesta desproporcionalidade da sanção aplicada.

667

AgRg no RHC 138.532/RJ

Eventual aceitação de proposta de suspensão condicional do processo não prejudica a análise do pedido de trancamento de ação penal.

668

HC 525249/RS

Não é hediondo o delito de porte ou posse de arma de fogo de uso permitido, ainda que com numeração, marca ou qualquer outro sinal de identificação raspado, suprimido ou adulterado.

669

REsp 1.775.136/AC

O fornecimento de bebida alcoólica a criança ou adolescente, após o advento da Lei n. 13.106, de 17 de março de 2015, configura o crime previsto no art. 243 do ECA.

670

HC 276.510/RJ

Nos crimes sexuais cometidos contra a vítima em situação de vulnerabilidade temporária, em que ela recupera suas capacidades físicas e mentais e o pleno discernimento para decidir acerca da persecução penal de seu ofensor, a ação penal é pública condicionada à representação se o fato houver sido praticado na vigência da redação conferida ao art. 225 do Código Penal pela Lei n. 12.015, de 2009.

676

HC 590039/GO

Em razão da Lei n. 13.964/2019, não é mais possível ao juiz, de ofício, decretar ou converter prisão em flagrante em prisão preventiva.

BIBLIOGRAFIA

NERY JUNIOR, Nelson & ANDRADE NERY, Rosa Maria Borriello de. Constituição Federal Comentada. São Paulo: Revista dos Tribunais, 2ª edição em e-book baseada na 6ª edição impressa, 2017.

NERY JUNIOR, Nelson & ANDRADE NERY, Rosa Maria Borriello de. Código de Processo Civil Comentado. São Paulo: Revista dos Tribunais, 17ª edição, 2018.

Portal Buscador Dizer o Direito:
https://www.buscadordizerodireito.com.br/

Portal de Legislação do Planalto:
http://www4.planalto.gov.br/legislacao/

YouTube

@adv.alvaroamorim   adv.alvaroamorim@gmail.com

Leia também:

Constituição do Brasil: Nós, o Povo Brasileiro

Direito Penal Livre de Ideologias – Volume 1

* 9 7 8 6 5 0 0 8 1 5 5 8 0 *

MAN - #0624 - 230726 - C0 - 234/156/11 - PB - 9786500815580 - Matt Lamination